Natalie Faßmann

Beinwelljauche, Knoblauchtee & Co.

Gedruckt auf
100% Recyclingpapier

Natalie Faßmann

Beinwelljauche, Knoblauchtee und Co.

Pflanzenauszüge zum Düngen und Stärken

illustriert von Karin Bauer

pala verlag

Inhalt

Das etwas andere Gartenkochbuch

In der Gartenküche blubbert, schäumt und köchelt es vor sich hin. Aber in den Töpfen ist kein Gaumenschmaus für den Gärtner. Heute wird den Gartenpflanzen aufgetischt: nahrhafte Kost aus Brennnesseln und Beinwell, stärkende Tränke aus Ackerschachtelhalm und Salbei, abwehrende Parfüms aus Wermut und Tomatenblättern und heilende Medizin aus Rainfarn und Knoblauch.

Aus Kräuterblättern, Gemüse und Blütenstauden werden Jauchen, Brühen, Tees, Kaltwasserauszüge und Extrakte zubereitet. Und das mit Tradition: Seit Jahrzehnten, wenn nicht noch länger, werden Kräuterauszüge hergestellt. Ihre Wirkungen auf Pflanzen und deren Feinde

wurden beobachtet, zu Papier gebracht und von Gärtner zu Gärtner weitergegeben. Heute finden sich Rezepte für Brennnesselbrühe und Co. in fast allen Biogarten-Büchern wieder. Die Zubereitungen werden als Dünger, Stärkungsmittel und Bio-Pflanzenschutzmittel angepriesen.

»Und nun gibt es wieder so ein Buch …«, werden Sie vielleicht sagen. Ja. Aber es ist anders. Hier gibt es keine Auflistung aller nur denkbaren Rezepturen und ihrer Einsatzgebiete. Ich bin ein neugieriger Mensch. Ich habe die versprochenen Wirkungen der populären Kräutermittel hinterfragt, wollte herausfinden, welche die wirksamen Bestandteile sind. Das war nicht immer einfach, denn wissenschaftlich erforscht sind die wenigsten. Ein paar Tränke habe ich an Gartenpflanzen selbst ausprobiert und die besten als »Top 5« zusammengefasst (siehe Seite 11).

Lohnt es sich, Kräuterauszüge herzustellen?

Ja, es lohnt sich, Kräuterauszüge herzustellen. Aber es sind keine Allheilmittel. Sie düngen, stärken oder vertreiben Insekten. Nur die wenigsten wirken tatsächlich wie ein Pflanzenschutzmittel auch abtötend auf Fraßfeinde oder Krankheitserreger. Erst gemeinsam mit vorbeugenden Maßnahmen wie Standort- und Sortenwahl entfalten sie ihr ganzes Potential im Biogarten.

Kleine Vorschau gefällig? Brennnesseljauche und Beinwelljauche sind hervorragende Flüssigdünger. Ackerschachtelhalmbrühe und das Gros der Rezepturen stärken unsere Gartenpflanzen. Nur wenige können Pilzwachstum eindämmen oder Schadinsekten bekämpfen. Knoblauchtee ist solch ein Allrounder: Pilze werden eingedämmt, wenn er rechtzeitig gesprüht wird. Blattläuse, Kohlweißling und Möhrenfliege werden durch seinen strengen Geruch vertrieben oder abgelenkt, und es gibt Untersuchungen, wo Knoblauchextrakte eine tödliche Wirkung auf Spinnmilben zeigen. Nachweislich eine insektenabtötende Wirkung hat nur die Rainfarnbrühe. Diese ist jedoch schwächer als die eines konventionellen Insektizids.

Die Inhaltsstoffe in Pflanzen variieren stark nach Standort und nach Erntezeit. Zudem ist ihr Gehalt von der Zubereitungsart des Auszuges

Abwehren, Stärken, Düngen – was heißt das?

Bevor wir richtig in das Thema einsteigen, ein paar Definitionen vorweg:

- Ist ein Kräuterauszug **abwehrend** oder **vertreibend,** halten spezielle Duftstoffe oder ein Duftstoffmix Insekten und andere Tiere fern, ohne sie zu töten. In der Fachsprache nennt man solche Stoffe auch Repellents. Die meisten der populären Kräuterauszüge wirken abwehrend.
- **Abtötende** Auszüge greifen massiv in verschiedene Stoffwechselvorgänge von Insekten, Milben oder Pilzen ein, sodass die Lebewesen getötet werden. Solche Auszüge sind eher selten. So wirkt beispielsweise Knoblauch keimhemmend auf die Sporen einiger Schadpilze. Rainfarnbrühe ist insektenabtötend.
- Ist von einem **stärkenden** Auszug die Rede, unterstützen bestimmte Inhaltsstoffe oder Stoffgemische in diesem Auszug die Abwehrkräfte der behandelten Pflanzen. Zu diesen stärkenden Stoffen gehört unter anderem die Kieselsäure.
- **Düngt** ein Auszug, sind in ihm gelöste Nährstoffe enthalten, die die Pflanzen für ihr Wachstum benötigen, unter anderem Stickstoff, Kalium und Phosphor.

und auch vom »Koch« selbst abhängig. Darum sind Brühen, Tees, Jauchen und Extrakte sehr individuell und ihre Wirksamkeit gerade gegenüber Schädlingen und Pilzkrankheiten kann ganz schön schwanken.

Sie brauchen nicht alle der im Buch genannten Mittel, um die Abwehrkräfte Ihrer Pflanzen zu stärken oder Schadinsekten zu vertreiben. Viele Mittel überschneiden sich in ihrer Wirkung, sodass Sie sich für einen bestimmten Zweck den Auszug heraussuchen, für den Sie die Zutaten parat haben. Manche Auszüge stellt man auch nur zu bestimmten Jahreszeiten her, wenn es die Rohstoffe dafür im Garten gibt, zum Beispiel den Tomatenblatt-Kaltwasserauszug oder die Rhabarberbrühe. Nicht alle Ausgangsstoffe finden Sie in Ihrem Garten oder können Sie in der Natur sicher bestimmen und sammeln. In Kräuterläden oder in der Apotheke bekommen Sie Heilkräuter wie die Kamille, die auch für uns Gärtner gedacht sind. Spezielle »Pflanzenmedizin« wie Wermut, Beinwell und Ackerschachtelhalm gibt es sogar im Gartenfachhandel, als gebrauchsfertigen Extrakt oder als getrocknetes Kraut.

Wäre es nicht schön, die Zutaten für die Pflanzenapotheke immer dann zur Hand zu haben, wenn Sie sie brauchen? Ein Apothekenbeet, in dem alle versammelt sind, wird es vielleicht nicht werden. Aber gut im Garten verteilt, findet jedes Kraut seinen Platz: Kamille, Salbei und Pfefferminze im Kräutergarten, Knoblauch, Zwiebeln und Rhabarber im Gemüsebeet. Für Beinwell und Baldrian reicht eine Ecke unter Sträuchern oder in der Staudenrabatte. In einem großen Garten können Sie sogar die ausbreitungswütige »wilde« Brennnessel aufnehmen.

Man kann sehen und manchmal auch beweisen, dass ein Pflanzenextrakt wirksam ist, aber es ist schwer, eindeutig zu sagen, welcher der Inhaltsstoffe dafür verantwortlich ist. Oft ist es eben die pflanzeneigene Mischung! Ich konnte nur wenige Forschungsergebnisse zu Brennnessel, Knoblauch und Co. finden, die aussagekräftig waren. Aber es tut sich etwas! Weltweit wird nach neuen Pflanzenschutzmitteln auf der Basis von Pflanzenextrakten geforscht. In Laborscreenings werden unter anderem Fingerkraut *(Potentilla erecta)*, verschiedene Koniferen und Efeu *(Hedera helix)* auf ihre Wirkung gegen Schadpilze und Insekten untersucht.

Meine TOP 5

- **Ackerschachtelhalmbrühe** festigt das Pflanzengewebe und macht es so widerstandsfähig gegenüber Pilzkrankheiten. Unbedingt vorbeugend ab dem Austrieb auf pilzgefährdete Pflanzen wie Gurken, Zucchini oder Rosen sprühen (mehr auf Seite 55).
- **Beinwelljauche** ist ein sehr guter Kaliumdünger, besonders wertvoll für Tomaten während der Fruchtreife (mehr auf Seite 63).
- **Brennnesseljauche** ist ein sehr guter Stickstoffdünger, der schnell von den Pflanzen aufgenommen wird. Gut während der ganzen Saison als Wachstumshilfe für starkwüchsige Gemüse und nährstoffbedürftige Kräuter wie Minze und Basilikum (mehr auf Seite 66).
- **Kamillenblüten-Kaltwasserauszug** wirkt als Samenbad gegen Pilzsporen, die am Samenkorn sitzen. Zudem hat er eine positive Wirkung aufs Wachstum der Sämlinge (mehr auf Seite 85).
- **Knoblauchtee** kann, wenn er bereits bei den ersten winzigen Mehltauflecken eingesetzt wird, das Pilzwachstum aufhalten. Großer Nachteil dieses Gebräus: Es stinkt furchtbar, aber nicht so schlimm wie eine Knoblauchjauche (mehr auf Seite 88).

Düngen

Pflanzen nehmen mit ihren Wurzeln Nährstoffe aus dem Boden auf. Im Boden befinden sich normalerweise ausreichend Nährstoffe für das Wachstum der Pflanzen. Im Garten sind die natürlichen Stoffkreisläufe jedoch unterbrochen, weil wir zum Beispiel Pflanzen ernten und so Nährstoffe aus dem Garten entnehmen. Es werden aber nur wenige Nährstoffe durch Mineralisation nachgeliefert. Dadurch ist der Vorrat an Nährstoffen im Gartenboden bald aufgebraucht und muss in Form von organischen (oder mineralischen) Düngern ergänzt werden.

Man unterscheidet zwischen Hauptnährelementen und Spurenelementen. Stickstoff (N), Phosphor (P) und Kalium (K) sind Hauptnährelemente und werden in größeren Mengen benötigt. Sie sind in den meisten handelsüblichen Volldüngern (sogenannten NPK-Düngern) enthalten. Spurenelemente werden in geringeren Mengen benötigt. Dazu gehören Schwefel, Eisen, Magnesium, Kalzium, Molybdän, Mangan, Bor, Kupfer und Zink. Sie sind in ausreichendem Maße im Boden vorhanden, können jedoch blockiert und für die Pflanzen nicht verfügbar sein, etwa durch einen zu hohen pH-Wert des Bodens (siehe auch Seite 14).

Pflanzennährstoffe sind an vielen Stoffwechselvorgängen der Pflanzen beteiligt. Wenn eines der Hauptelemente Stickstoff und Kalium, teils auch Magnesium, fehlt, äußert sich das in typischen Blattschäden. Stickstoff ist unter anderem an der Chlorophyllsynthese beteiligt. Chlorophyll ist das Blattgrün. Wird es nur noch unzureichend ausgebildet, färben sich die Blätter gelb. Kalium und Magnesium halten auch den Wassertransport innerhalb der Pflanze aufrecht. Fehlt es an diesen beiden Stoffen, werden die Pflanzenzellen unterversorgt und vertrocknen. Typisch sind deshalb braune, trockene Blattränder bei Kaliummangel oder trockene Bereiche um die Blattadern herum bei Magnesiummangel.

An Phosphor mangelt es nur sehr selten, eher ist zu viel davon im Boden und verursacht dann eine leichte Rotfärbung der Blätter.

Die Auswirkung des Boden-pH-Wertes auf die Pflanzengesundheit wird oft unterschätzt. Ist der Boden zum Beispiel basisch (pH-Wert um 7 oder höher), wird Eisen im Boden festgelegt und ist nicht mehr für die Pflanze verfügbar. Eisen ist ein wichtiger Baustein des Chlorophylls. Typisch für Eisenmangel sind gelbe Blätter mit deutlich grünen Blattadern. Häufig tritt Eisenmangel bei Rhododendron, Azaleen und Hortensien auf, die einen leicht sauren Boden benötigen. Der optimale Boden-pH-Wert ist für jede Pflanzenart anders.

Nährstoffmangel wird durch gezielte Düngung mit einem Einzelnährstoffdünger behoben. Mehr zum Ausgleich von Stickstoff- und Kaliummangel können Sie auf Seite 64 und ab Seite 66 lesen.

Unsere Gartenböden sind vielfach mit Phosphor und Kalium überversorgt. Daran sind wir oft selbst schuld, da wir Gärtner es zu gut mit unseren Gartenpflanzen meinen und ihnen zu häufig Vollnährstoffdünger geben und davon auch noch viel zu viel. Der Nährstoffüberschuss belastet nicht nur die Natur, sondern schädigt auch die Pflanzen und das Bodenleben. Ob Kohl, Rose oder Rittersporn, jedes Gartengewächs braucht einen anderen Nährstoffmix. Richten Sie sich deshalb beim Düngen nach dem Nährstoffbedarf der Pflanzen (siehe Tabelle Seite 17). Düngen Sie lieber verhaltener und weniger als zu viel. Wird bereits regelmäßig Kompost gegeben, kann man bei den meisten Pflanzen getrost auf weitere Dünger verzichten.

Im Gemüsegarten ist der Nährstoffbedarf am höchsten. Starkzehrende Gemüsearten brauchen auch während der Saison Düngernachschub. Das geschieht entweder über Kompostgaben oder(!) durch Pflanzenjauchen. Petersilie, Schnittlauch und Basilikum werden nach jedem Ernteschnitt mit Pflanzenjauche gedüngt. Geben Sie die stickstoffhaltige Jauche bitte nicht zusätzlich zu Kompost!

Zu gut mit Stickstoff versorgte Pflanzen scheinen zunächst gut zu wachsen. Sie legen an Masse zu. Bei genauerem Hinsehen wachsen aber nur Blätter und Triebe. Blüten und Früchte bleiben auf der Strecke. Das Pflanzengewebe wird weich und mastig. Pilzsporen können leichter eindringen und auch Schädlinge haben leichtes Spiel. Ist zu viel Stickstoff im Boden, färben sich die Blätter ins Blaugrüne. Die unteren Blätter werden gelb und fallen ab. Das Gegenteil, akuter Stickstoffmangel, ist auf Seite 13 und auf Seite 67 beschrieben.

Wie hoch ist der Nährstoffgehalt im Boden?

Lassen Sie Ihren Gartenboden alle drei bis fünf Jahre untersuchen. Bodenuntersuchungen nehmen Bodenuntersuchungslabore vor. Dabei werden in der Regel der Gehalt an Phosphor, Kalium und Magnesium, der Kalkbedarf (über den pH-Wert) und die Bodenart geprüft. Der Stickstoffgehalt gehört nicht dazu, da er sich im Boden sehr schnell verändert und das Ergebnis nicht mehr aktuell wäre. Mit den Ergebnissen erhalten Sie auch eine Düngeempfehlung.

So wird es gemacht: Im Spätherbst werden pro Nutzungsbereich Bodenproben entnommen, zum Beispiel für Gemüsegarten, Beerenobst, Staudenbeet und Rasen. Mit einem Spaten wird an der Probenstelle zunächst ein Spatenstich Erde herausgehoben. Diese erste Probe wird verworfen. An der möglichst glatten Einstichstelle wird eine 2 cm dicke Scheibe Erde spatentief abgestochen und herausgenommen, aber noch auf dem Spatenblatt belassen. Davon wird nun mit einer Handschaufel ein 3 bis 4 cm breiter (etwa 25 cm langer) Streifen abgenommen und in einen Eimer gegeben. So verfährt man weiter zehn bis fünfzehn Mal im ausgewählten Gartenbereich (zum Beispiel im Gemüsegarten). Die einzelnen Proben werden anschließend gut vermischt und etwa 500 g von dieser Mischung in einen Gefrierbeutel gefüllt. Der Beutel wird gut verschlossen. Vor dem Einfüllen notieren Sie auf dem Etikett Ihre Adresse, Nutzungsart des Bodens (zum Beispiel Gemüsegarten) und die gewünschte Untersuchung (zum Beispiel »Standard«). Legen Sie dem Paket mit der Bodenprobe (am besten ist eine Luftpolstertasche geeignet) auch einen formlosen Untersuchungsauftrag bei, in dem dieselben Angaben wiederholt werden. Für die Düngeempfehlung ist es außerdem wichtig, dass Sie angeben, ob Sie im letzten Jahr Kompost gegeben haben oder nicht.

Kompost, Stallmist und Co.

Im Biogarten kommen fast ausschließlich Dünger pflanzlichen oder tierischen Ursprungs zum Einsatz. Diese sogenannten organischen Dünger enthalten Kompost, verschiedene Tiermiste, Guano, Rizinusschrot oder Sojaschrot und Rückstände aus der Zuckerproduktion. Hornspäne und Hornmehl sind Stickstoffdünger. Es gibt auch natürliche Mineraldünger, die aus abgebauten Gesteinen und Salzen gewonnen werden: phosphorhaltige Dünger wie Hyperphos und Thomasmehl und kaliumhaltiger Patentkali.

Mineralisch chemische Dünger, sogenannte synthetische oder künstliche Dünger, enthalten Nährstoffe in gelöster Form, die schnell von den Pflanzen aufgenommen werden können. Sie können dann eingesetzt werden, wenn eine schnelle Wirkung gewünscht ist, zum Beispiel bei akutem Nährstoffmangel. Vorsicht: Eine Überdüngung ist hierbei leichter möglich als bei den langsameren organischen Düngern (siehe auch Seite 22). Auch sollten Sie bei der Ausbringung daran denken, dass nicht von den Pflanzen aufgenommener Stickstoff ins Grundwasser ausgewaschen werden kann.

Organische Dünger wie Kompost, Stallmist oder Rindenhumus können anders als die mineralischen Dünger nicht direkt von den Pflanzen verwertet werden. Bodenorganismen müssen sie erst zu Wasser, Kohlendioxid und Nährstoffen abbauen, die dann für die Pflanzen verfügbar sind. Diese Dünger wirken deshalb relativ langsam, ihre Wirkung hält dafür jedoch lange an. Hornspäne brauchen zum Beispiel zwei bis drei Jahre, bis sie nach und nach komplett abgebaut sind. Hornmehl, das sind gemahlene Hornspäne, wird im Vergleich dazu viel schneller abgebaut.

Achtung: Auch organischer Dünger kann überdosiert werden! Wird regelmäßig Kompost auf den Beeten verteilt, ist das bereits eine gute Grunddüngung. Alle anderen Dünger sollten entsprechend reduziert werden.

Kompost im Biogarten

Kompost ist *der* Dünger im Biogarten. Der reife, gesiebte Kompost wird in einer dünnen Schicht flächig auf Beeten oder um die Pflanzen verteilt. Geben Sie etwa 3 bis 5 Liter pro Quadratmeter im Jahr (das entspricht einer 0,3 bis 0,5 cm dicken Schicht). Starkzehrende Gemüsekulturen und Obstbäume bekommen etwas mehr Kompost. So setzen Sie ihn richtig ein:

Gartenbereich	Kompostgaben	
	Wie oft in der Saison?	**Wie viel?**
Gemüsekulturen, Starkzehrer*	mehrmals	bis 1 cm hohe Schicht
Gemüsekulturen, Schwachzehrer*	mehrmals	maximal 0,5 cm hohe Schicht
Prachtstauden (zum Beispiel Rittersporn, Lilien)	Frühjahr	0,5 cm hohe Schicht
	Sommer (spätestens August)	kleinere Gabe
Beerensträucher**	Frühjahr	1 cm hohe Schicht
Obstbäume**	Frühjahr	1 – 2 cm hohe Schicht auf die Baumscheibe, danach Laubmulch oder Rasenschnitt verteilen
	Herbst	1 cm hohe Schicht auf die Baumscheibe, danach Laubmulch oder Rasenschnitt verteilen
Rosen	mehrmals	0,5 cm hohe Schicht
Rasen	Frühjahr	0,2 – 0,5 cm hohe Schicht nach dem Vertikutieren
	Spätsommer	kleinere Gabe
Kräuter	Frühjahr	0,5 – 1 cm hohe Schicht

* Starkzehrende Gemüsearten sind zum Beispiel Kürbis, Gurke, Zucchini, Kopfkohlarten, Tomaten, Paprika, Kartoffeln und Mais. Schwachzehrende Gemüsearten sind zum Beispiel Buschbohnen, Salate, Zwiebeln, Feldsalat, Erbsen und Radieschen.

** Ältere Obstbäume und Beerensträucher im Vollertrag erhalten im Frühjahr zusätzlich zu den Kompostgaben noch 100 g Hornmehl pro Baum oder Strauch.

Kompost

Der Nährstoffgehalt von Kompost schwankt je nach verwendeten Ausgangsmaterialien. Je mehr Grasschnitt, Ernterückstände und Küchenabfälle auf den Kompost gegeben werden, desto höher ist der Stickstoffanteil. Kompost ist zudem reich an Spurenelementen.

Stickstoff, Phosphor und Kalium sind für die Pflanzen unterschiedlich schnell verfügbar: Während Stickstoff eher langsam freigesetzt wird, stehen Phosphor und Kalium schnell zur Verfügung. Das ist wichtig bei Kulturen mit hohem Nährstoffbedarf wie starkzehrenden Gemüsearten und Prachtstauden. Tragen Sie den Kompost deshalb schon zu Beginn der Wachstumszeit im Frühjahr dünn auf die Beete auf.

Stallmist

Der Stickstoffgehalt im Stallmist schwankt je nachdem, ob Rinder, Schweine, Schafe, Ziegen, Kaninchen, Pferde oder Geflügel den Mist liefern und wie sie gefüttert wurden. Hühner- und Taubenkot enthält zusätzlich Phosphor und Kalium.

Bringen Sie Stallmist niemals frisch auf die Beete aus! Er ist in diesem Zustand zu »scharf« und kann die Pflanzenwurzeln schädigen. Zudem zieht er Möhrenfliegen und andere Gemüsefliegen an. Vor seinem Einsatz wird er deshalb kompostiert. Und auch nach dem Kompostieren vertragen ihn nur starkzehrende Gemüsearten. Drei Kilogramm kompostierter Stallmist pro Quadratmeter werden im Frühjahr flach in den Boden eingearbeitet. Erst nach drei Jahren ist der Stallmist vollständig abgebaut. Deshalb ist eine solch reichliche Düngung nur alle drei Jahre notwendig.

Rindenhumus

Rindenhumus ist kompostierte Rinde. Er wird wie Kompost verwendet. Verwechseln Sie Rindenhumus bitte nicht mit Rindenmulch: Letzterer ist zerkleinerte, unfermentierte Rinde, die keinen Stickstoff abgibt, sondern ihn im Gegenteil im Boden festlegt. Zudem enthält Rindenmulch wachstumshemmende Stoffe.

Tipp Rindenmulch kann den Boden unter Bäumen oder Strauchgruppen abdecken und Unkraut unterdrücken. Geben Sie unter den Rindenmulch Hornspäne (50 g/m²). Diese versorgen die Gehölze mit Stickstoff. Erst nachdem Rindenmulch zu Rindenhumus verrottet ist, gibt er Stickstoff ab.

Gründüngung

Die Gründüngung ist eine besondere Form der Düngung und Bodenpflege, bei der teilweise lebende Pflanzen die Nährstoffe liefern. So haben Gründüngungspflanzen aus der Gruppe der Schmetterlingsblütler wie Luzerne, Lupine und verschiedene Klee-Arten in ihren Wurzeln mikroskopisch kleine Helfer, die Knöllchenbakterien, mit denen sie Stickstoff sammeln. Gründüngungspflanzen lockern und beschatten zudem den Boden und fördern die Bodenlebewesen.

Die Pflanzen können im Rahmen einer Fruchtfolge auf die Beete gesät werden, bei der Vierfelderwirtschaft beispielsweise im vierten Jahr. In diesem Fall werden die Pflanzen vor oder während der Blüte gemäht oder gesenst und anschließend flach in den Boden eingearbeitet oder kompostiert. Auch wenn im Spätsommer oder Herbst das Sommergemüse geerntet ist, können Sie in die freien Beete noch Gründüngung einsäen. Über den Winter friert sie ab und wird im kommenden Frühjahr flach eingearbeitet. Neben weiteren Arten können folgende Gründüngungspflanzen den Boden im Biogarten verbessern:

- Rot-Klee *(Trifolium pratense),* Weiß-Klee *(Trifolium repens),* Alexandriner-Klee *(Trifolium alexandrinum),* Inkarnat-Klee *(Trifolium incarnatum),* Persischer Klee *(Trifolium resupinatum)* und Steinklee *(Melilotus)* sammeln mithilfe von Knöllchenbakterien Stickstoff.
  Aussaatzeit: April bis August.
- Lupinen *(Lupinus)* haben tiefreichende Wurzeln. Wie Klee leben sie mit stickstoffsammelnden Knöllchenbakterien.
  Aussaatzeit: April bis August.
- Luzernen *(Medicago sativa)* sind winterhart, wurzeln tief und sammeln Stickstoff mithilfe von Knöllchenbakterien.
  Aussaatzeit: März bis August.

- Büschelschön *(Phacelia tanacetifolia)* wächst schnell und ist eine hervorragende Bienen- und Hummelweide.
  Aussaatzeit: März bis September.
- Senf *(Sinapis alba)* wächst schnell. Achtung: Senf ist ein Kreuzblütler! Er sollte in der Fruchtfolge nicht vor oder nach Kohl gesät werden (siehe auch Seite 45).
  Aussaatzeit: März bis Ende September.
- Sonnenblumen *(Helianthus annuus)* wachsen recht schnell. Späte Aussaaten blühen nicht mehr.
  Aussaatzeit: April bis Ende August.
- Studentenblumen (nur *Tagetes patula* und *T. erecta)* haben eine regenerierende Wirkung auf nematodenverseuchte Böden.
  Aussaatzeit: ab März.
- Winterroggen *(Secale cereale)* kann noch sehr spät gesät werden. Er ist winterhart und durchwurzelt den Boden gut. Im Frühjahr wird er in den Boden eingearbeitet.
  Aussaatzeit: September bis Oktober.

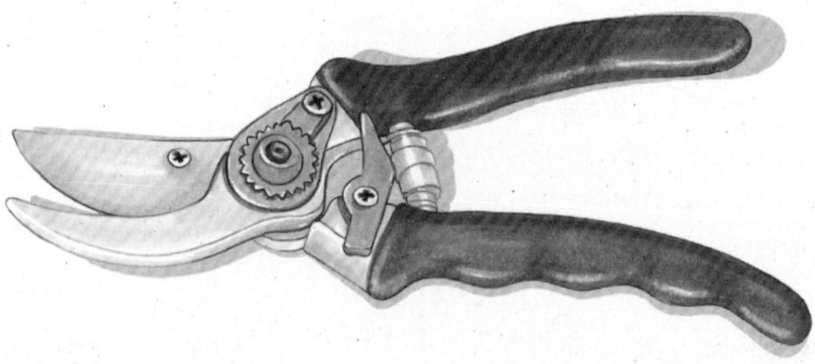

Komposttee

Komposttee ist ein schnell wirkender Flüssigdünger, der aus reifem Kompost bereitet wird. Die Bezeichnung »Tee« ist etwas irreführend, denn er wird mit kaltem Wasser angesetzt und nicht wie bei der Teebereitung mit heißem Wasser aufgebrüht. Manchmal wird er auch Kompostbrühe genannt. Seiner Herstellung nach ist er jedoch ein Kaltwasserauszug.

Dieser Kompostauszug wird während der Hauptwachstumszeit einmal wöchentlich unverdünnt in den Wurzelbereich starkzehrender Gemüse gegossen. Auch Balkon- und Kübelpflanzen profitieren von den schnell verfügbaren Nährstoffen. Wird der Auszug auf die Erde gegossen, fördert er das Bodenleben. Wichtig: Wenden Sie ihn nicht zusätzlich zu düngenden Jauchen und anderen schnell wirkenden Düngern an, sonst droht eine Überdüngung! Für eine Blattdüngung verdünnen Sie den Ansatz im Verhältnis 1:20 mit Wasser. Noch stärker verdünnt, im Verhältnis 1:100, wird Komposttee auf Blätter und Triebe gesprüht, wodurch diese gegenüber Pilzkrankheiten gestärkt werden sollen.

Es gibt verschiedene Anleitungen für die Herstellung eines Kompostauszuges. Die folgende ist sehr einfach: Füllen Sie einen alten Leinensack mit 5 Liter reifem Kompost und hängen Sie ihn in ein Fass mit 10 Liter kaltem Wasser. Lassen Sie das Ganze maximal 12 Stunden ziehen und rühren Sie gut um. Den »Kompost-Teebeutel« können Sie mehrmals verwenden: so lange, bis der Auszug nicht mehr dunkel gefärbt ist wie Schwarztee oder Kaffee. Den ausgelaugten Kompost verteilen Sie als Mulch auf den Beeten.

Eine weitere Variante ist der »belüftete« Komposttee. Dazu lässt man den Kompostansatz mehrere Tage wie beim einfachen Komposttee ziehen. Zweimal bis dreimal am Tag wird kräftig umgerührt, damit genügend Luft hineinkommt. Der Ansatz wird vor der Verwendung im Verhältnis 1:4 bis 1:10 mit Wasser verdünnt. Ob dieser belüftete Kompostauszug besser ist als der unbelüftete, ist unklar.

Pflanzenjauchen

Pflanzenjauchen sind mit schnell wirkenden Flüssigdüngern mineralisch synthetischer Art vergleichbar. Der in ihnen enthaltene Stickstoff kann sofort von den Pflanzen aufgenommen werden. Brennnesseljauche und Beinwelljauche sind zum Beispiel sehr stickstoffreich, Beinwelljauche enthält zudem viel Kalium.

Einen preiswerteren Dünger als eine Kräuterjauche gibt es nicht. Und Sie können ihn aus fast allen Gartenpflanzen, selbst aus »Unkräutern«, herstellen. Sie brauchen nur zwei bis drei Wochen Zeit und ein unempfindliches Näschen, denn Jauchen riechen ziemlich unangenehm. Die Klassiker sind Brennnesseljauche und Beinwelljauche.

Geben Sie die Pflanzenjauchen zweimal bis dreimal während der Wachstumszeit in den Wurzelbereich starkzehrender Gemüsearten. Auch nährstoffbedürftige Prachtstauden wie Lilien und Rittersporn sind für eine zusätzliche Gabe im Sommer dankbar. Seien Sie jedoch vorsichtig: Auch mit diesen natürlichen, selbst hergestellten Düngemitteln können Sie überdüngen!

Kräuterjauchen haben einen hohen Nährstoffgehalt, besonders gut vertreten sind die Hauptnährelemente Stickstoff, Phosphor und Kalium (siehe auch Seite 13). Jauchen sind Flüssigdünger. Als solche werden sie schneller von den Pflanzen aufgenommen als feste organische Dünger wie Kompost und Hornspäne. Die Nährstoffe gelten als schnell verfügbar für die Pflanzen. Selbst akuten Nährstoffmangel können Pflanzenjauchen beheben. Dafür müssen sie jedoch stark verdünnt werden.

Diese wertvolle Flüssignahrung bekommen unsere Gartengewächse immer dann, wenn sie Kraft für einen Wachstumsschub brauchen. Vor allem die starkzehrenden Gemüsearten wie Gurken, Kürbisse, Tomaten und Kohl (außer Kohlrabi) sind im Sommer dankbar für die schnell wirkende Düngerration.

Verdünnen Sie eine Düngerjauche immer! Üblich ist ein Verhältnis von einem Teil Jauche auf 10 oder 20 Teile Wasser. Unverdünnt ist Jauche zu stark und schadet den Pflanzen mehr, als dass sie hilft. Was passiert, wenn zu viele Nährstoffe zur Verfügung stehen? Entweder welken die Blätter, weil die Wurzeln von der hohen Salzkonzentration der

Nährstoffe verbrannt sind. Oder die Pflanzen nehmen all den Stickstoff auf und beginnen zu schießen. Sie wachsen viel zu schnell, das Gewebe wird weich und anfällig für Krankheiten und Schädlinge.

Was passiert im Jauchefass?

Abgestorbene Pflanzen sind sowohl im Wasser als auch an Land Nährstofflieferanten. Ihre Substanz wird abgebaut. Dabei helfen unzählige Bakterien, Pilze und Tiere, vom winzigen Insekt bis zum Regenwurm. Auf jede Abbaustufe haben sich andere Organismen spezialisiert, die das Pflanzenmaterial nach und nach in Kohlendioxid und andere organische Verbindungen zersetzen. Die Nährelemente Stickstoff, Phosphor und Schwefel liegen im Pflanzenmaterial nicht als reine Elemente, sondern in Verbindungen vor. Der Abbau dieser Verbindungen zu den Nährelementen, dieses natürliche Recycling, wird auch Mineralisation genannt. Der Abbau der organischen Substanz ist sowohl mit als auch ohne Sauerstoff möglich. Ohne Sauerstoff setzt Fäulnis ein. Bei der Zersetzung entstehen dann übel riechende Gase.

Im Jauchefass findet vermutlich eine Mischung aus Zersetzung mit und ohne Sauerstoff statt, mit deutlich wahrnehmbarer Neigung zur Fäulnis. Die Pflanzenteile werden nur selten vollständig zersetzt, aber immerhin so weit, dass ein Großteil der Nährstoffe herausgelöst wird. Diese liegen dann in der Flüssigkeit gelöst vor. Bei der Kompostbereitung läuft der Verrottungsprozess in der Regel mit Sauerstoff ab. Ob Jauche oder Kompost, es entstehen für Pflanzen verfügbare Nährstoffe, und beide Produkte sind hochwertige Dünger.

Grundrezept für Pflanzenjauchen

Die Rezeptur für eine Kräuterjauche ist kinderleicht: 1 kg frische, klein geschnittene oder 100 bis 200 g getrocknete Pflanzenteile werden in ein großes Kunststofffass gegeben und mit 10 Liter Wasser, am besten Regenwasser, aufgefüllt. Diese Mixtur lässt man eine Zeit lang offen stehen. Einmal am Tag rühren Sie die Flüssigkeit kräftig um. Das ist wichtig, denn so wird Sauerstoff zugeführt, der für die Zersetzung der Pflanzenteile wichtig ist. Die Mixtur beginnt zu gären, Schaum bildet sich. Die Jauche ist fertig, sobald kein Schaum mehr zu sehen ist und sie sich dunkel gefärbt hat. Bei warmem Sommerwetter geht es besonders schnell: Nach 10 bis 14 Tagen ist die Jauche fertig. Ist es kühler, kann der Zersetzungsprozess bis zu drei Wochen dauern.

Pflanzenjauchen anwenden

Die Jauche braucht nicht abgeseiht zu werden. Die Pflanzenteile setzen sich nach und nach ab. Je nach Nährstoffbedarf der Pflanzen wird die Jauche im Verhältnis 1:10 oder 1:20 mit (Regen-)Wasser verdünnt. Ein Beispiel: Für 10 Liter Flüssigdünger (übliche Gießkannengröße) entnehmen Sie 1 Liter Jauche aus dem Gärgefäß und füllen mit 9 Liter Wasser auf. Gießen Sie diese verdünnte Jauche mit breitem Strahl in den Wurzelbereich der Pflanzen. Nicht auf die Blätter! Durch die hohe Konzentration der Nährstoffe können die Blätter verbrennen. Braune Flecken sind die Folge.

Wie viel der verdünnten Jauche gegossen wird, hängt zum einen von der Pflanzengröße, zum anderen vom Nährstoffbedarf ab. Eine große Zucchinipflanze bekommt im Sommer schon einmal gut und gerne 5 Liter Düngerjauche. Als Richtwert kann man sich an die Menge halten, mit der man andere Flüssigdünger ausbringt beziehungsweise wie viel Wasser an eine Pflanze gegeben wird. Stopp ist dann, wenn der Boden kein Wasser mehr aufnehmen kann.

Bei akutem Stickstoffmangel kann die Jauche als stark verdünnter, schnell wirkender Blattdünger auf die Pflanzen gesprüht werden. Verdünnen Sie in diesem Fall im Verhältnis 1:50. Damit die Pflanzenreste den Sprühkopf nicht verstopfen, wird die Jauche vorher abgeseiht.

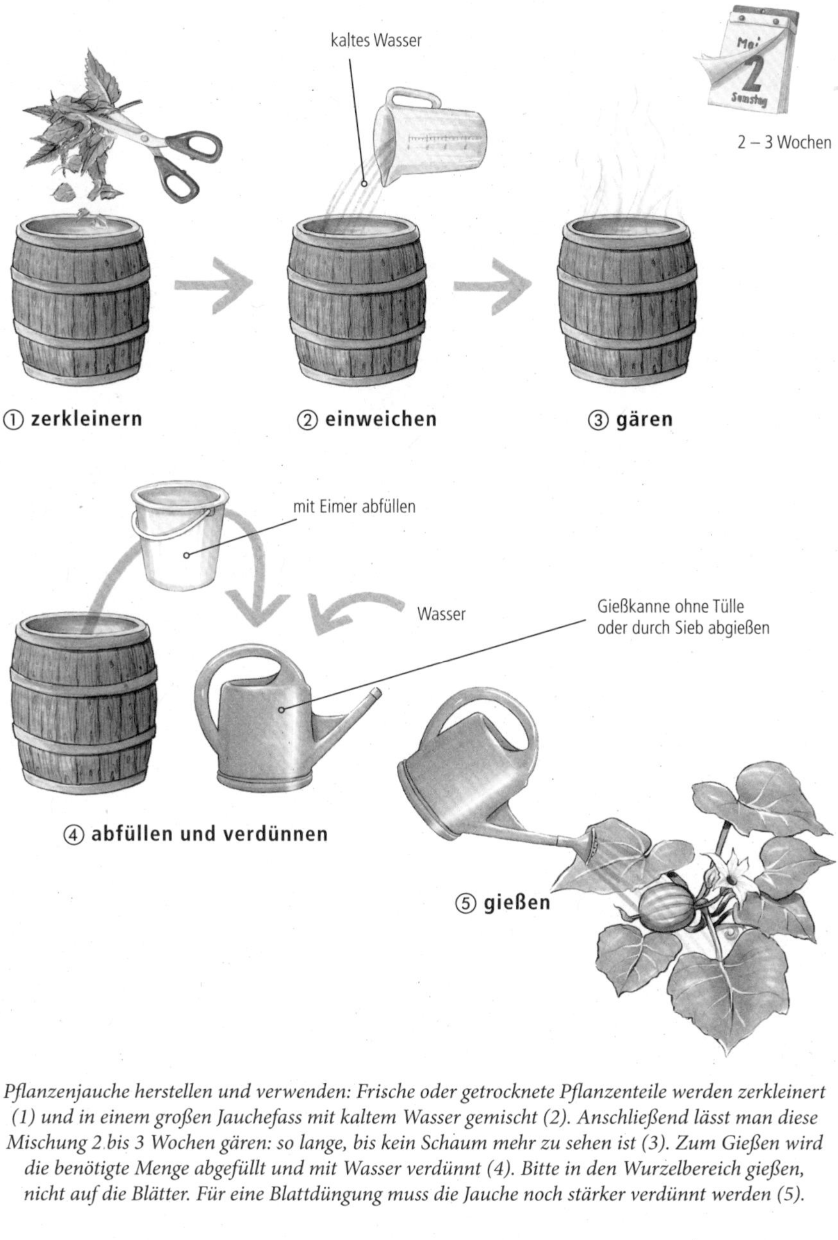

Pflanzenjauche herstellen und verwenden: Frische oder getrocknete Pflanzenteile werden zerkleinert (1) und in einem großen Jauchefass mit kaltem Wasser gemischt (2). Anschließend lässt man diese Mischung 2 bis 3 Wochen gären: so lange, bis kein Schaum mehr zu sehen ist (3). Zum Gießen wird die benötigte Menge abgefüllt und mit Wasser verdünnt (4). Bitte in den Wurzelbereich gießen, nicht auf die Blätter. Für eine Blattdüngung muss die Jauche noch stärker verdünnt werden (5).

Abgeseihtes geben Sie auf den Kompost. Bringen Sie den Blattdünger bei bedecktem Himmel aus, damit die Blätter nicht verbrennen. Bei Sturm oder starkem Wind sollte man generell keine Flüssigkeiten versprühen, da sie verdriften. Sprühen Sie nicht gegen den Wind!

Die fertige Jauche muss nicht sofort aufgebraucht werden. Sie hält sich eine Weile und kann je nach Bedarf verwendet werden. Decken Sie das Fass mit einem Deckel ab. Ist am Ende des Gartenjahres noch etwas übrig, gießen Sie den Rest über den Kompost.

Tipp Gängiges Gießgerät im Garten ist die 10-Liter-Kanne: Schöpfen Sie einen knappen halben Liter Jauche in die Kanne und füllen Sie bis zur 10-Liter-Marke mit Wasser auf. Dann haben Sie eine Verdünnung von 1:20. Zum einfachen Abmessen können Sie zum Beispiel einen Küchen-Messbecher mit 50-ml-Einteilung für den Gartengebrauch umwidmen. Dieser Messbecher sollte dann nicht mehr für Lebensmittel verwendet werden!

Tipps fürs gute Gelingen

- Die Jauche kann außer in Kunststofffässern auch in Holzgefäßen, Steingutgefäßen oder emaillierten Metallgefäßen angesetzt werden. Tabu sind nicht-emaillierte Metallgefäße (egal, welches Metall), da während der Gärung ungünstige chemische Reaktionen zwischen Jauche und Metall ablaufen können. Welche Reaktionen hier genau ablaufen und welche Substanzen dabei entstehen, wurde bisher noch nicht umfassend erforscht.
- Füllen Sie das Fass nicht bis zum Rand. Die Jauche schäumt während der Gärung hoch und könnte überlaufen. Für einen Ansatz mit 10 Liter Wasser benötigen Sie ein 15-Liter-Gefäß.
- Jauche riecht aufgrund der Zersetzungsprozesse immer unangenehm. Hierin unterscheiden sich die einzelnen Pflanzenarten kaum. Streuen Sie eine Handvoll Gesteinsmehl, zum Beispiel Urgesteinsmehl, auf die Oberfläche oder geben Sie etwas Baldrianblütenextrakt hinein. Das Rezept für den Baldrianblütenextrakt finden Sie auf Seite 61. Nach dem Verdünnen riecht eine Jauche übrigens deutlich schwächer als in konzentrierten Form und der Geruch verfliegt nach dem Ausbringen rasch. Weniger unangenehm als Jauchen riechen Pflanzenbrühen, Tees, Kaltwasserauszüge oder Extrakte – wobei es auch hier Unterschiede gibt. So riechen Zubereitungen mit Rhabarber, Beinwell oder Knoblauch im Allgemeinen nie sonderlich gut.
- Für den Gärvorgang wird Sauerstoff benötigt. Verschließen Sie das Jauchefass deshalb nicht mit einem Deckel. Legen Sie so lange, bis die Jauche fertig ist, ein stabiles Netz aus Kunststoff oder Stoff darüber. Das schützt auch Kleintiere davor, ins Jauchefass zu fallen.
- Geben Sie keine Unkrautsamen ins Jauchefass. Sie werden durch die Verjauchung nicht zerstört. Sie bleiben keimfähig!

Stärken, Vertreiben, Bekämpfen

Pflanzenstärkungsmittel

Ackerschachtelhalm, Brennnessel und Kamille sind nur einige der Zutaten für selbst gemachte Pflanzenstärkungsmittel. Pflanzenstärkungsmittel erhöhen die Widerstandskraft der behandelten Pflanzen, vertreiben durch ihren Geruch Schädlinge oder sorgen dafür, dass die Samen gut aufgehen. Nur einige wenige können tatsächlich Schädlinge oder Pilzkrankheiten bekämpfen, wie Rainfarn und Knoblauch. Ihre wirksamen Inhaltsstoffe werden durch Extraktion gewonnen. Übliche Extraktionsverfahren sind die Zersetzung zur Jauche, das Abkochen zur Brühe, der Teeaufguss, der Kaltwasserauszug und die Extraktion durch Auspressen. Die Mittel können einfach im Garten oder am heimischen Herd hergestellt werden. Was Sie neben den Pflanzen brauchen, sind große Gefäße zum Ansetzen, Wasser, ein Sieb zum Abseihen und eine Gießkanne oder Pflanzenspritze zum Ausbringen.

Die selbst hergestellten Auszüge sind jedoch auch sehr individuell: Der Gehalt an wirksamen Substanzen ist zum Beispiel abhängig vom Erntezeitpunkt des Krauts, von der Extraktionsmethode und auch von Ihnen selbst, dem Koch beziehungsweise der Köchin.

Pflanzenstärkungsmittel sind auch im Fachhandel erhältlich. Sie enthalten als wirksame Bestandteile Pflanzenextrakte, Gesteinsmehle, Fettsäuren, Molke oder Mikroorganismen. Dabei werden die Pflanzenextrakte oft auch mittels alkoholischer Extraktion gewonnen, die mehr Inhaltsstoffe herauslöst als die Extraktion mit Wasser.

Vorsicht, giftige Pflanzen!

Vorsicht ist geboten, wenn Sie die Jauchen, Brühen und Tees ansetzen und verwenden! Es ist ein weitverbreiteter Irrtum, dass Mittel, die aus Pflanzen gewonnen werden, harmlos sind. Das Gegenteil kann der Fall sein: Die Auszüge können bereits in geringer Dosis tödlich sein. Sir Charles Cartwright aus Agatha Christies Kriminalroman »Nikotin« ermordet seine Opfer mit Nikotin, das er sonst gegen die Blattläuse an seinen geliebten Rosen einsetzt. Der mordende Gärtner entspringt der Fantasie, der giftige Stoff, der aus den Blättern des Tabaks *(Nicotiana tabacum)* gewonnen wird, dagegen nicht. Nikotin ist eines der stärksten Pflanzengifte weltweit. Auch andere aus Pflanzen gewonnene Gifte kommen in Kriminalromanen gerne vor: Strychnin aus der Brechnuss *(Strychnos nux vomica)*, Digitalis aus dem Fingerhut *(Digitalis purpureum)* oder Morphin aus dem Schlafmohn *(Papaver somniferum)*.

Pflanzen, darunter auch der Tabak, produzieren diese Gifte, um sich Fraßfeinde wie Blattläuse, Raupen und andere Tiere vom Leibe zu halten. Diese Substanzen können auch für Menschen, Säugetiere und Vögel gefährlich sein. Der einst häufig angewendeten, hochgiftigen Nikotinbrühe wird deshalb in diesem Buch kein Platz eingeräumt. Auch der Adlerfarn, der mitunter als Ausgangsstoff für eine Farnkrautbrühe geerntet wird, ist giftig für Säugetiere (siehe Seite 75). Weniger gefährlich, aber doch mit Vorsicht anzuwenden, sind Rainfarn und Wermut (siehe Seiten 99 und 114). Beide enthalten Thujon, das bei Berührung mit der Haut zu rötlichen Reizungen führt. Wird es in hoher Dosierung eingenommen, schädigt es die Nerven.

Wie wirken Pflanzenstärkungsmittel?

Ob selbst hergestellt oder gekauft, Pflanzenstärkungsmittel helfen, Pflanzen gesund zu erhalten – gegenüber Schädlingen, Pilzen, Bakterien und Viren, aber auch gegenüber Frost, Hitze und Trockenheit. Durch die Einlagerung von Kieselsäure und Kalziumkarbonat (zum Beispiel in Ackerschachtelhalm und Kieselerde) werden die Wände der Pflanzenzellen verstärkt. Pilze haben es dadurch schwerer, in die Zellen einzudringen, und Blattläuse können die Zellwände mit ihren Saugrüsseln nur mit großer Anstrengung durchstoßen. Da suchen sie sich lieber eine andere Futterquelle.

Pflanzenstärkungsmittel aktivieren zudem die pflanzeneigenen Abwehrstoffe, die sogenannten Phytoalexine. Phytoalexine sind antimikrobiell wirkende Substanzen, die von lebenden Pflanzenzellen als Reaktionen auf den Befall mit Schaderregern, bei Verletzungen oder bei sonstigen Reizen und Stress gebildet werden. Sie kommen lokal an der verletzten Stelle vor und werden nicht in der Pflanze transportiert. Phytoalexine hemmen vor allem Pilze, wirken aber auch toxisch gegenüber Bakterien, Nematoden (Fadenwürmern), Pflanzen und Warmblütern. Phytoalexine gehören zu unterschiedlichen chemischen Stoffklassen, es handelt sich unter anderem um Phenole, Flavone, cyanogene Glykoside und Alkaloide.

So erhöhen Sie die Wirksamkeit von Pflanzenstärkungsmitteln:

- ▹ Wenden Sie die Pflanzenstärkungsmittel bereits ab dem Austrieb an. Die Substanzen können so ihre vorbeugende Wirkung entfalten.
- ▹ Benetzen Sie die Pflanzen gleichmäßig mit dem Stärkungsmittel und verwenden Sie so viel Sprühlösung, dass Blätter und Pflanze tropfnass sind. Sprühen Sie auch und besonders die Blattunterseiten ein. Viele Schädlinge siedeln bevorzugt an den Blattunterseiten, und dort liegen auch die Atemöffnungen der Blätter (Stomata), die oft Eintrittspforten für Pilze sind.
- ▹ Wiederholen Sie die Anwendung regelmäßig, besonders nach Regenfällen. Denn durch Regen werden vor allem diejenigen Mittel abgespült, die man zur Stärkung direkt auf die Blätter sprüht. Zudem verlieren die natürlichen Wirkstoffe innerhalb kurzer Zeit ihre Wirkung, denn unter Lichteinfluss werden sie fotochemisch in ihre (dann unwirksamen) Bestandteile zersetzt. Die Wirkdauer ist unterschiedlich lang und variiert zwischen einer Stunde und einem Tag.
- ▹ Der optimale Ausbringungszeitpunkt, um Pilzkrankheiten vorzubeugen, lässt sich nur schwer bestimmen. Eine Faustregel: Die Sporen der meisten Pilze sind bei feuchtwarmer Witterung oder nach Regenfällen aktiv, wenn die Blätter nass sind.

Kräuter ernten und trocknen

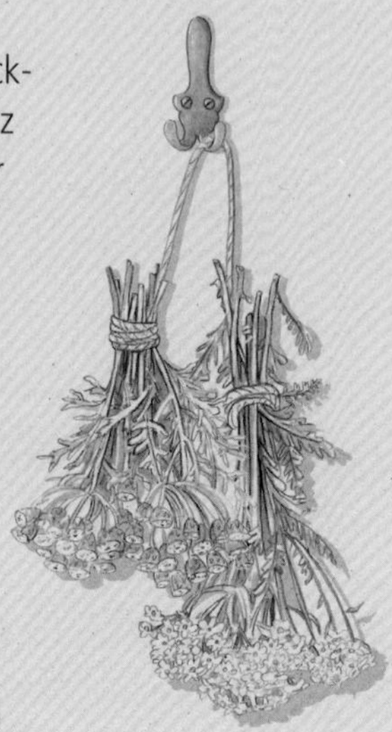

Legen Sie sich einen kleinen Vorrat an getrockneten Kräutern für die Gartenapotheke an. Kurz vor der Blüte ist bei den meisten Kräutern der Gehalt an ätherischen Ölen am höchsten. Der beste Zeitpunkt also, um sie fürs Trocknen zu ernten. Ausnahmen von dieser Regel sind die in diesem Buch vorgestellten Pflanzen Wermut, Kamille, Schafgarbe, Rainfarn und Lavendel, die zur Zeit der Blüte geerntet werden. Blätter von Gehölzen, zum Beispiel Holunderblätter, können den gesamten Sommer über geerntet werden. Ernten Sie sowohl krautige Pflanzen als auch Blätter von Gehölzen bei trockenem Wetter, wenn der Morgentau auf den Blättern verschwunden ist.

Im Garten können Sie so viel ernten, wie Sie möchten. Das ist anders, wenn Sie die Kräuter außerhalb Ihres Gartens »in der freien Natur« an Wegen, auf Wiesen oder im Wald sammeln. Dort gelten einige Regeln:

- Sammeln Sie nur Kräuter, die Sie genau bestimmen können! Sind Sie sich nicht sicher, kaufen Sie die getrockneten Kräuter lieber in Apotheken, Kräuterläden oder im Gartenfachhandel.
- Schneiden Sie die Pflanzen mit einer Schere oder einem Messer ab. Reißen Sie sie nicht heraus, nur so können sie wieder neu austreiben.
- Hinterlassen Sie keinen Kahlschlag! Ernten Sie nicht alle Pflanzen am Standort. Lassen Sie immer einige stehen, damit sie sich vermehren können. Nehmen Sie nur so viel, wie Sie benötigen. Mehr als ein Jahresvorrat sollte es nicht sein, da die Wirkkraft der getrockneten Kräuter nach einem Jahr nachlässt.
- Ernten Sie nicht direkt neben viel befahrenen Straßen, sondern etwa hundert Meter entfernt, die Kräuter sind sonst schadstoffbelastet.

Blätter und Blüten werden auf einem feinmaschigen Gitter oder auf Backpapier oder Küchenkrepp in dünner Lage ausgelegt getrocknet. Pflanzen mit Stängeln werden zum Trocknen zu kleinen Bündeln gerafft und aufgehängt.

Wichtig: Lassen Sie die Pflanzenteile an einem luftigen, trockenen Ort ohne direkte Sonneneinstrahlung trocknen. Kleine Kräutermengen können auch im Ofen bei 50 °C getrocknet werden. Verteilen Sie die Kräuter dazu dünn auf einem Blech und lassen Sie die Backofentür einen Spalt breit offen, damit die Feuchtigkeit entweichen kann. Sobald die Kräuter rascheltrocken sind – bei Trocknung ohne Backofen nach vier bis fünf Tagen –, werden sie zerkleinert und in fest verschließbare Gefäße gefüllt, sodass sie möglichst lichtgeschützt sind. Vergessen Sie nicht, Namen und Erntedatum der Pflanzen zu notieren.

Kontrollieren Sie Ihre Kräuterschätze regelmäßig. Wenn die Ernte nicht richtig trocken war, kann es passieren, dass die Kräuter zu faulen und zu schimmeln beginnen. Was nach einem Jahr noch übrig ist, können Sie zu einer gemischten Kräuterjauche geben.

Grundrezepte für Pflanzenstärkungsmittel

Die Kräuterbrühe

Als Ausgangsstoffe zur Herstellung einer Kräuterbrühe können unter anderem Ackerschachtelhalm, Brennnessel und Knoblauch verwendet werden. Die in einer Kräuterbrühe gelösten Stoffe stärken, vertreiben Schädlinge oder düngen leicht. Einigen Kräuterbrühen wird eine bekämpfende Wirkung nachgesagt. So beugt die kieselsäurehaltige Ackerschachtelhalmbrühe Pilzkrankheiten vor. Die Kieselsäure wird ins Pflanzengewebe eingebaut, das dadurch fester wird. Pilzsporen haben es in der Folge schwerer, ins Pflanzengewebe einzudringen, ebenso Schädlinge mit ihren Saugrüsseln oder beißenden Mundwerkzeugen. Die viel gerühmte Brennnesselbrühe hat eher eine abschreckende, denn bekämpfende Wirkung auf Blattläuse. Eine bekämpfende Wirkung wurde bisher nur für Knoblauchextrakt nachgewiesen, der, wenn er zum richtigen Zeitpunkt gesprüht wird, Pilzwachstum unterbindet. Nähere Informationen zu den einzelnen Kräuterbrühen finden Sie bei den Pflanzenporträts ab Seite 55.

Die Rezeptur

Zerkleinern Sie zur Herstellung einer Kräuterbrühe 1 kg frisches Kraut oder 100 bis 200 g getrocknetes Kraut und weichen Sie es 24 Stunden in 10 Liter kaltem Wasser ein. Am nächsten Tag kocht man den Ansatz auf und lässt ihn auf niedriger Flamme 30 Minuten leise köcheln. Wenn die Brühe abgekühlt ist, wird sie abgeseiht. Die Pflanzenreste können Sie auf den Kompost geben.

Tipp Wenn Sie nicht so viel Brühe brauchen, setzen Sie einfach weniger an. Reduzieren Sie die Zutaten entsprechend: Nehmen Sie zum Beispiel auf 1 Liter Wasser 100 g frisches oder 10 g getrocknetes Kraut. Das Gleiche gilt auch für den Kaltwasserauszug und die Teezubereitung (siehe Seiten 36 und 38).

Kräuterbrühe anwenden

Für die Anwendung wird die Brühe, abhängig von der verwendeten Pflanzenart, verdünnt oder unverdünnt auf die Pflanzen gesprüht. Der Verdünnungsgrad steht bei den jeweiligen Rezepturen ab Seite 55. Zur Pflanzenstärkung und Vorbeugung von Pilzkrankheiten werden die Pflanzen einmal pro Woche behandelt. Ab Seite 43 und in der Tabelle ab Seite 130 finden Sie mehr zum Thema Pflanzenschutz und wie man Krankheiten und Schädlingen vorbeugt.

Kräuterbrühe herstellen und verwenden: Frisches oder getrocknetes Kraut wird zerkleinert (1) und im Kochtopf 24 Stunden in kaltem Wasser eingeweicht (2). Anschließend kocht man die Mischung 30 Minuten auf kleiner Flamme (3). Nach dem Abkühlen wird abgeseiht und die Flüssigkeit gegebenenfalls mit Wasser verdünnt (4). Dann wird die Brühe mit der Pflanzenspritze oder Gießkanne auf die Pflanzen gespritzt oder in den Wurzelbereich gegossen (5).

Der Kaltwasserauszug

Für einen Kaltwasserauszug werden die Kräuter nur in kaltem Wasser eingeweicht und nicht erhitzt. Dadurch werden hitzeempfindliche Wirkstoffe schonend gelöst. Der Kaltwasserauszug ist weniger konzentriert als Brühe und Tee. Mit dem folgenden Grundrezept können Sie Kräuterauszüge auch dann herstellen, wenn Sie in Ihrem Garten keine Kochplatte und keine Küche in der Nähe haben und somit keine Brühen oder Tees zubereiten können.

Die Rezeptur

Um einen Kaltwasserauszug herzustellen, weichen Sie 1 kg frisches, zerkleinertes Kraut 24 Stunden in 10 Liter kaltem Wasser ein. Danach sieben Sie den Ansatz ab und pressen die Kräuter aus. Lassen Sie den Ansatz nicht länger als 48 Stunden stehen. Er darf nicht gären! Haben Sie den Kaltwasserauszug vergessen und gärt er bereits, lassen Sie ihn stehen und zur Jauche reifen. Die Jauche wird dann als Dünger an die Pflanzen gegeben.

Kaltwasserauszug anwenden

Für die Anwendung bleibt der Kaltwasserauszug unverdünnt oder wird im Verhältnis 1:1 mit Wasser verdünnt. Ähnlich wie die Brühe wird er zur Pflanzenstärkung, Schädlingsabwehr und vorsorglich gegen Pilze auf die Pflanzen gesprüht oder in den Wurzelbereich gegossen. Näheres zur Anwendung finden Sie bei den einzelnen Rezepturen ab Seite 55.

Tipp Ein Kaltwasserauszug wird sofort aufgebraucht. Er hält sich nicht lange. Reste können Sie auf den Kompost gießen.

① **zerkleinern**

② **einweichen**

③ **abseihen und verdünnen**

④ **gießen oder sprühen**

Kaltwasserauszug herstellen und verwenden: Frisches Kraut wird zerkleinert (1) und 24 Stunden in kaltem Wasser eingeweicht (2). Dann gießt man die Mischung durch ein Sieb, fängt die Flüssigkeit auf und presst die Kräuter zusätzlich aus. Gegebenenfalls wird das Ganze anschließend mit Wasser verdünnt (3). Gießen Sie den Auszug am selben oder nächsten Tag in den Wurzelbereich Ihrer Pflanzen oder bringen Sie ihn mit der Pflanzenspritze aus (4).

Der Kräutertee

Der Kräutertee steht in der Zubereitung zwischen Brühe und Kaltwasserauszug. Während bei der Brühe einige wichtige Inhaltsstoffe durch das lange Köcheln zerstört werden können, werden sie beim Kaltwasserauszug nicht ausreichend extrahiert. Durch das Aufbrühen als Tee werden sie schonend gelöst.

Die Rezeptur

Das Kräuterteekochen für Pflanzen funktioniert genauso, wie wir uns Tee aufgießen. Man nehme 100 g frische, zerkleinerte Kräuter oder 10 bis 20 g getrocknete Kräuter, übergieße sie mit 1 Liter kochendem Wasser und lasse sie abgedeckt 15 bis 20 Minuten ziehen. Am Topfdeckel sammeln sich die leichtflüchtigen, ätherischen Öle, die wieder in den Tee zurücktropfen können. Danach seiht man ab und lässt den Tee abkühlen. Geben Sie die abgeseihten Kräuter auf den Kompost.

Tipp Je kleiner die Pflanzenteile, desto besser lösen sich die Inhaltsstoffe beim Überbrühen heraus.

Kräutertee anwenden

Für die Anwendung wird der abgekühlte Kräutertee unverdünnt auf die Pflanzen gesprüht. Kräutertees kommen vor allem bei der Vorbeugung von Pilzkrankheiten, bei der Schädlingsabwehr und bei der Samenbeize zum Einsatz. Einzelheiten zu den Einsatzgebieten finden Sie bei den Pflanzenporträts ab Seite 55.

① **abmessen** ② **aufbrühen** ③ **abseihen**

④ **gießen oder sprühen**

Kräutertee herstellen und verwenden: Frisches oder getrocknetes Kraut wird zerkleinert, abgemessen (1) und mit kochendem Wasser übergossen (2). Die Mischung zieht anschließend 15 bis 20 Minuten im geschlossenen Gefäß. Dann wird sie abgegossen (3). Nach dem Abkühlen wird der Tee unverdünnt mit einer Pflanzenspritze auf die Pflanzen gesprüht oder mit einer Gießkanne gegossen (4).

Der Kräuterextrakt

Kräuterextrakte werden in der Gartenpflege seltener angewendet, können aber aus vielen Kräutern hergestellt werden. Bekannt ist der Baldrianblütenextrakt zur Förderung der Blütenbildung, Rezept und Anwendung finden Sie auf Seite 60.

Die Rezeptur

Für die Herstellung eines Kräuterextraktes zerkleinern Sie eine bis zwei Handvoll frische Pflanzenteile sehr fein, am besten mit einem Mixer oder in einem Fleischwolf. Die gehackten Kräuter werden durch ein Tuch ausgepresst und die Flüssigkeit aufgefangen. Den so gewonnenen Extrakt bewahrt man in dunklen Flaschen an einem kühlen, dunklen Ort auf. So hält sich der unverdünnte Extrakt längere Zeit.

TIPP Sind die Kräuter sehr trocken, kann man noch ein wenig Regenwasser beim Zerkleinern zugeben.

Kräuterextrakt anwenden

Für die Anwendung wird der gewonnene Extrakt stark mit Wasser verdünnt – im Verhältnis 1:100 bis 1:1000 – und in den Wurzelbereich gegossen oder über die Pflanzen gesprüht.

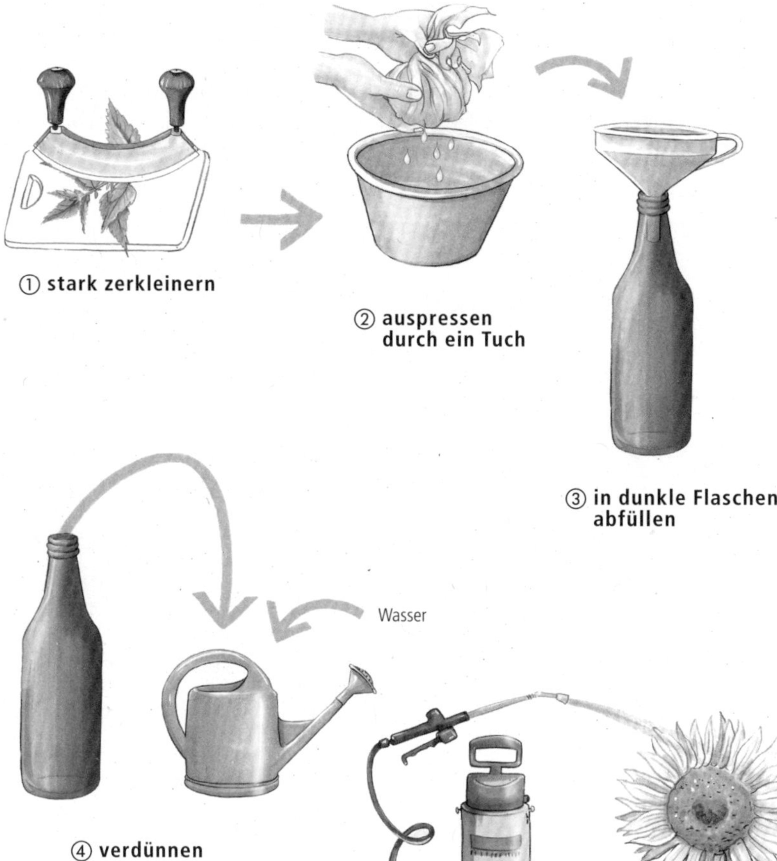

Kräuterextrakt herstellen und verwenden: Frisches Kraut wird sehr fein zerkleinert (1). Die zerkleinerten Kräuter werden durch ein Seihtuch ausgepresst (2). Die so gewonnene Flüssigkeit füllt man in Flaschen aus dunklem Glas (3). Für die Verwendung wird der Extrakt stark mit kaltem Wasser verdünnt (4) und mit der Pflanzenspritze auf die Pflanzen gespritzt oder in den Wurzelbereich gegossen (5).

Die Kräutertinktur

Wirkstoffe können auch mit Alkohol extrahiert werden. Einen alkoholischen Auszug nennt man Tinktur. Tinkturen kennen Sie vielleicht aus der Pflanzenheilkunde für Menschen. Sie werden zum Beispiel auf schmerzende Stellen gerieben und einmassiert oder tröpfchenweise eingenommen. Der hochprozentige Alkohol zieht die wirksamen Bestandteile meist besser aus den Blättern, Blüten und Wurzeln als ein wässriger Auszug. Wässrige Auszüge sind die bereits genannten Brühen, Tees, Kaltwasserauszüge, Extrakte und Jauchen.

In der Gartenapotheke für Pflanzen sind Tinkturen kaum bekannt. Bei wissenschaftlichen Untersuchungen werden jedoch oft alkoholische Pflanzenextrakte mit Ethanol und Methanol hergestellt, um deren Wirkung gegenüber Schädlingen und Pflanzenkrankheiten herauszufinden. Diese Auszüge werden nicht pur verwendet, sondern stark mit Wasser verdünnt (im Verhältnis 1:50 oder 1:100) und erst dann auf die Pflanzen gesprüht, weil der enthaltene Alkohol unverdünnt die Pflanzen schädigt (die Blätter werden braun und welken).

Zur Herstellung einer Tinktur werden 250 g frische, zerkleinerte Kräuter oder 150 g getrocknete Kräuter mit 0,5 Liter 70-prozentigem oder 90-prozentigem Alkohol (aus der Apotheke) in einem großen Einweckglas aufgesetzt. Der Ansatz wird gut durchgerührt und 10 bis 14 Tage an einen kühlen, dunklen Ort gestellt. Rühren Sie täglich um. Anschließend wird der Ansatz durch ein Tuch abgeseiht und ausgepresst. Füllen Sie die gewonnene Tinktur in eine dunkle Glasflasche. An einem kühlen, dunklen Ort ist sie bis zu zwei Jahre haltbar.

Verdünnen Sie die Tinktur zur Anwendung unbedingt mit Wasser (im Verhältnis 1:10 oder mehr) und testen Sie sie vor der großflächigen Anwendung an einzelnen Blättern auf ihre Verträglichkeit. Eine Tinktur kann aus allen in diesem Buch vorgestellten Kräutern hergestellt werden.

Für einen guten Start

Anstatt hektisch zu reagieren, wenn Blattlaus oder Mehltau zuschlagen, können Sie schon im Voraus Einiges tun, um Krankheiten und Schädlingen vorzubeugen. Dazu gehören eine optimale Standortwahl, der richtige Pflanzenabstand wie auch eine robuste Pflanzensorte.

Standortwahl

Weinbauregion oder raue Höhenlage? Bei der Entscheidung, welche Pflanzen in Ihren Garten passen, spielt auch die geografische Lage eine wichtige Rolle. Schauen Sie, welche Pflanzen natürlich in der umgebenden Landschaft vorkommen oder mit welchen Arten Ihre Nachbarn gute Erfahrungen gemacht haben. Berücksichtigen Sie auch die Bodeneigenschaften: sandig oder lehmig, sauer oder neutral? Rhododendren und Magnolien brauchen beispielsweise sauren Boden. Stimmt der Standort nicht, verlieren Pflanzen ihre Abwehrkräfte und werden anfällig für Schädlinge und Krankheiten.

Auch die kleine Lage im Garten ist wichtig. So gehört der Gemüsegarten zum Beispiel an die sonnigste Stelle. Und die beliebten Rosen mögen es zwar sonnig, doch nicht die Hitze an der Südseite des Hauses. Denn dort ist es in den Mittagsstunden so heiß, dass Spinnmilben und Rosenzikaden leichtes Spiel haben.

Pflanzenabstand

Man neigt dazu, Pflanzen zu dicht zu setzen, auch ich bin dagegen nicht gefeit. Schließlich möchte man den Platz optimal ausnutzen. Und die Setzlinge, seien es Gemüsepflanzen, Rosen oder Sträucher, sehen im vorgeschlagenen Abstand anfangs meist auch ziemlich einsam aus. Doch stehen die Pflanzen zu dicht im Beet, kann der Wind nicht zwischen ihnen hindurchwehen. Luftzufuhr ist wichtig, damit die Blätter nach einem Regenschauer schnell wieder abtrocknen. Auf den feuchten Blättern können Pilzsporen schneller keimen und sich etablieren. Auch die Konkurrenz zwischen den Pflanzen sollten Sie nicht unterschätzen, sowohl über als auch in der Erde.

Sortenwahl

In Baumschulen, Gärtnereien und im Gartenfachhandel gibt es eine große Auswahl robuster, resistenter oder toleranter Sorten. Resistenzen und Toleranzen gibt es bei Gemüse-, Obst- und Rosensorten, vor allem gegen Pilzerkrankungen. Neue Rosensorten werden zum Beispiel einer strengen Prüfung unterzogen, der Allgemeinen Deutschen Rosenneuheitenprüfung (ADR): An verschiedenen Standorten in Deutschland wird unter anderem ihre Anfälligkeit gegenüber Blattfleckenpilzen wie Sternrußtau, Rosenrost und Echtem Mehltau geprüft. Die gesündesten Rosen bekommen dann das Prädikat »ADR-Rose«.

In ländlichen Regionen werden robuste, regionale Gemüsesorten, zum Beispiel von Bohnen oder Kohl, oft auch über den Gartenzaun weitergereicht. Für den Erhalt alter Sorten und die Sortenvielfalt setzen sich auch verschiede Vereine ein, zum Beispiel Dreschflegel e. V., VEN (Verein zur Erhaltung der Nutzpflanzenvielfalt e. V.), VERN (Verein zur Erhaltung und Rekultivierung von Nutzpflanzen in Brandenburg e. V.), ProSpecieRara (Schweizerische Stiftung für die kulturhistorische und genetische Vielfalt von Pflanzen und Tieren) oder Arche Noah (Gesellschaft für die Erhaltung der Kulturpflanzenvielfalt und ihre Entwicklung). Bei diesen Vereinen erhalten Sie auch Informationen zu seltenen und regionalen Sorten.

Wo liegt der Unterschied zwischen Toleranz und Resistenz? Ein Beispiel: Tomatensorten mit einer Toleranz gegenüber der Kraut- und Braunfäule werden kaum von diesem Pilz befallen. Die typischen Symptome, braune Blattflecken, zeigen sich sehr viel später als bei »normalen« (nicht toleranten) Sorten. Dagegen kann eine resistente Sorte durchaus Symptome ausbilden. Durch eine Art programmierten Zelltod kann sich der Erreger jedoch nicht ausbreiten. Den Pflanzen macht der Befall nichts aus und im Falle der Tomaten wachsen gesunde Früchte heran.

Fruchtfolge im Gemüsegarten

Damit der Boden im Gemüsegarten nicht einseitig auslaugt und sich keine wachstumshemmenden Stoffe und Schaderreger ansammeln, sollten Sie die Aufeinanderfolge der Gemüse von Jahr zu Jahr und innerhalb eines Jahres auf einem Beet im Blick behalten. So sollte die gleiche Gemüseart, zum Beispiel Kohlrabi, nur alle vier Jahre auf demselben Beet stehen. Das gilt auch für die nahen Verwandten des Kohlrabis wie Weißkohl, Blumenkohl und Co.: Zwischen dem Anbau naher Verwandter auf dem gleichen Beet sollte ein Zeitraum von mindestens vier Jahren liegen.

Gut zu wissen: Wer ist mit wem verwandt?

Gemüsefamilie	Gemüsearten
Doldenblütengewächse	Fenchel, Möhre, Pastinake, Sellerie, Wurzelpetersilie
Gänsefußgewächse	Gartenmelde, Mangold, Rote Bete, Spinat
Korbblütengewächse	alle Kopf-, Schnitt- und Pflücksalate, Artischocke, Chicorée, Endivie, Haferwurzel, Radicchio, Salatchrysantheme, Schwarzwurzel, Topinambur
Kreuzblütengewächse	alle Kohlgemüse, Asia-Salate, Herbstrübe, Kohlrübe, Mairübe, Meerrettich, Radieschen, Rettich, Rucola
Kürbisgewächse	Gurke, Kürbis, Zucchini
Nachtschattengewächse	Aubergine, Chili, Kartoffel, Paprika, Tomate
Schmetterlingsblütler	Gartenbohnen (Buschbohnen und Stangenbohnen), Erbse, Feuerbohne, Puffbohne
Zwiebelgewächse	Knoblauch, Porree, Schalotte, Zwiebel

Nützlinge im Garten

Auf die Bewohner in Ihrem Garten können Sie sich verlassen, sowohl auf die tagsüber sichtbaren als auch auf die scheinbar unsichtbaren nachtaktiven. Marienkäfer und ihre grauschwarzen, sehr beweglichen Larven ernähren sich von Blattläusen. Diese Frühaufsteher bieten schon den ersten Blattläusen im Frühjahr Paroli. Schwebfliegenlarven saugen Blattläuse aus. Die erwachsenen Fliegen legen ihre Eier mitten in die Blattlauskolonien. Florfliegenlarven vertilgen Blattläuse, Spinnmilben, Schildläuse und Blutläuse. Die agilen Larven werden auch Blattlauslöwen genannt.

Tipp Rüsten Sie ein Insektenhotel für Wildbienen mit ein paar Extras aus: mit Kiefernzapfen und Strohbündeln hinter einem Kaninchendraht und einem rot gestrichenen Florfliegenkasten. So wird das Hotel auch zum exzellenten Winterquartier für Marienkäfer und Co.

Ohrwürmer ernähren sich von allerlei Insekten, darunter auch Blattläusen. Ein umgedrehter Blumentopf, mit ein wenig Holzwolle oder Stroh gefüllt, reicht den nachtaktiven Tieren als Tagesbehausung. Stecken Sie die Töpfe auf Holzstäbe oder hängen Sie sie in Obstbäume. Die Blumentöpfe können Sie tagsüber problemlos zu neuen Einsatzorten im Garten tragen. Schlupfwespen leben parasitisch in anderen Insekten. Je nach Art legen die Weibchen ihre Eier in Blattläuse, Weiße Fliege, Raupen oder Fliegenlarven. Ist eine Blattlaus ungewöhnlich träge oder gar ballonartig aufgebläht, lebt schon eine kleine Schlupfwespenlarve in ihr.

Doldenblütler wie Dill, Fenchel und Wilde Möhre bieten Pollen und Nektar für die erwachsenen Schlupfwespen, Florfliegen und Schwebfliegen. Säen Sie sie als Randstreifen im Gemüsegarten oder als aparte Blütenpartner ins Staudenbeet.

Blumenwanzen und Weichwanzen leben räuberisch von Insekten und Milben. Sie legen ihre Eier häufig in die Nähe von oder direkt in Schädlingskolonien. Spinnen fangen allerlei Schmetterlinge, Fliegen, Käfer, Raupen, Wanzen und Läuse. Ihre winzigen Verwandten, die

Raubmilben, machen sich als Bändiger von Spinnmilbenkolonien verdient. Laufkäfer und ihre Larven leben räuberisch von Kartoffelkäfern, Raupen, Drahtwürmern, verpuppten Larven und sogar Schnecken. Bei einigen Arten stehen sogar Blattläuse und Spinnmilben auf dem Speiseplan.

Kröten und Frösche leben von Nacktschnecken, Würmern, Asseln und Insekten. Auch Blindschleichen gehen auf Schneckenfang, sie ernähren sich außerdem von Würmern und Insekten. Igel futtern Insekten, Schnecken und Würmer. Spitzmäuse vertilgen mit Vorliebe Insekten und Schnecken. Diese Leichtgewichte können ganz schön was verdrücken: Die Beute einer Nacht wiegt so viel wie das Spitzmäuschen selbst! Auch Fledermäuse sind eifrige Insektenfresser.

Tipp Ein bisschen Unordnung im naturnahen Garten darf sein: Laubhaufen, Reisighaufen, Holzschütten und herumliegende Steine sind beliebte Tagesverstecke für Laufkäfer, Blindschleichen und Spitzmäuse. Auch Igel haben ihre Basisstationen in unaufgeräumten Gartenecken.

Vögel fangen jede Menge Raupen, Schnecken, Blattläuse und Käfer, und das vor allem während sie ihre Jungen aufziehen. Vogelschutzhecken und Nistkästen, Vogelbäder und Futterplätze machen Ihren Garten zum Vogelparadies.

Nützlinge zum Bestellen

Nicht alle Nützlinge kommen von allein in den Garten: Doch man kann sie sich in den Garten holen, ganz einfach auf Bestellung. Geliefert wird das Nützlings-Päckchen in der Regel nach wenigen Tagen. Dann wird es sofort geöffnet und der Inhalt an den Brennpunkten im Garten oder Gewächshaus verteilt.

- Nützliche **Nematoden** sind mikroskopisch klein. Sie werden auf einem pulverförmigen Trägermaterial verschickt. Dieses wird in Wasser eingerührt und gegossen oder gespritzt. Nützliche Nematoden gibt es gegen die Larven des Dickmaulrüsslers und des Gartenlaubkäfers (Nematoden der Art *Heterorhabditis bacteriophora)*, gegen Maulwurfsgrillen und die Larven von Wiesenschnaken (Nematoden der Art *Steinernema carpocapsae)* und gegen Nacktschnecken (Nematoden der Art *Phasmarhabditis hermaphrodita)*. Die Winzlinge dringen im Boden in ihre Wirte ein und entlassen ein Bakterium, das die Wirte tötet.
- **Granuloviren** sind spezielle Viren, die die Larven des Apfelwicklers töten. Die Larven nehmen den Virus mit der Nahrung auf (beim Einbohren in die Apfelschale). Der optimale Zeitpunkt fürs Ausbringen kann mit Pheromonfallen bestimmt werden. Die Räupchen des Wicklers dürfen sich noch nicht in die Äpfel eingebohrt haben.
- **Schlupfwespen** und **Erzwespen** sind Parasiten, die ihre Eier in die Larvenstadien verschiedener Insekten ablegen. Gegen die Weiße Fliege an Gurken, Kohl und Tomaten hilft zum Beispiel die Erzwespe *Encarsia formosa*. Die Trichogramma-Schlupfwespe parasitiert die Raupen des Apfelwicklers.
- **Raubmilben** machen Jagd auf Spinnmilben (Raubmilben der Arten *Phytoseiulus persimilis* und *Amblyseius californicus)*, Thripse (Raubmilben der Arten *Amblyseius cucumeris* und *Hypoaspis miles)* und Weiße Fliegen (Raubmilben der Art *Amblyseius swirskii)*.
- Auch **Florfliegenlarven, Schwebfliegenlarven, Marienkäfer** und **Raubwanzen,** die sich in einem Naturgarten von allein einstellen, können als Verstärkung fürs Gewächshaus bestellt werden.

Regelmäßige Kontrolle

Schauen Sie in Ihrem Garten regelmäßig nach dem Rechten: Haben Kohlweißlingsweibchen ihre Eier an Kohlpflanzen abgelegt? Greift der Sternrußtau an den Rosen um sich? Beobachten Sie genau, wie sich Ihre Pflanzen verändern! Es müssen nicht immer schlimme Dinge sein. Auch sich entwickelnde Blütenknospen, reifende Früchte, nektarschlürfende Bienen und Hummeln und agile Marienkäferlarven sind faszinierende Beobachtungsobjekte.

Zeigen sich Raupenlöcher, Blattlauskolonien oder Pilzflecken, können Sie bei frühzeitigem Entdecken schnell reagieren und gegensteuern. Hat sich aus wenigen Blattläusen bereits eine hundertköpfige Großfamilie gebildet oder überzieht der Echte Mehltau die Gurkenblätter schon komplett, ist es schwieriger, dieser Plagen Herr zu werden. Greifen Sie deshalb schon vorher ein, mit ganz einfachen Methoden: Streifen Sie Blattläuse mit den Fingern ab, zerdrücken Sie die Eigelege der Schmetterlinge am Kohlkopf, sammeln Sie gefräßige Raupen ab und schneiden Sie pilzkranke Blätter und Triebe frühzeitig heraus. Die Erste-Hilfe-Tabelle ab Seite 130 informiert Sie über typische Symptome der wichtigsten oder auffälligsten Schädlinge und Krankheiten. Dort finden Sie auch weitere Tipps für Gegenmaßnahmen.

Die in diesem Buch beschriebenen Kräuterauszüge helfen vor allem vorbeugend gegen Pilzerkrankungen oder vertreiben Blattlaus und Co. Ein heilender oder bekämpfender Effekt ist die Ausnahme. Setzen Sie die Auszüge daher so früh wie möglich ein. Wann der beste Zeitpunkt dafür ist, steht bei den einzelnen Rezepturen ab Seite 55.

Leimring, Pheromonfalle und Co.

Im Gartenfachhandel gibt es Fallen, Lockstoffe und Schutznetze, mit denen Sie Fraßfeinde abfangen können, bevor sie an Blättern, Früchten und Wurzeln Schaden anrichten.

- **Leimringe:** Die Raupen des Frostspanners vergreifen sich im Frühjahr an Knospen, Blättern und jungen Früchten von Obstbäumen und anderen Laubbäumen. Legen Sie die Leimringe im Oktober um Baumstämme und Holzpfosten. Das fängt die Frostspannerweibchen ab, bevor sie sich mit den Männchen paaren können.
- **Pheromonfallen:** Räupchen von Apfelwickler und Pflaumenwickler fressen sich durch Äpfel und Pflaumen und hinterlassen dabei unschöne Gänge. Hängen Sie zu den Flugzeiten der Wickler Mitte Mai und Ende Juli Pheromonfallen auf. Diese locken die Männchen von den paarungswilligen Weibchen weg. Letztere legen daraufhin unbefruchtete Eier, aus denen keine Räupchen schlüpfen.
- **Wellpappegürtel:** Ende Juni und Ende August verlassen die Larven von Apfelwickler und Pflaumenwickler ihre Früchte und suchen sich Verstecke zum Verpuppen, bevorzugt am Stamm des jeweiligen Baumes. Um den Stamm gelegte Wellpappegürtel bieten ideale Raupenverstecke. Die Wellpappe wird mit den Larven abgenommen und im Hausmüll entsorgt.
- **Kirschfruchtfliegenfalle:** Die Maden der Kirschfruchtfliege fressen Süßkirschen von innen her auf. Hängen Sie die gelben Fruchtfliegenfallen in Ihrem Kirschbaum auf, wenn sich die Kirschen von Grün nach Gelb verfärben. So können Sie einen Teil der Kirschfruchtfliegen abfangen.
- **Gemüseschutznetz:** Die Maden von Möhrenfliege, Kohlfliege und Zwiebelfliege bohren sich in Möhren, Zwiebeln, Lauch, Radieschen, Rettich und Kohl, fressen Gänge hinein und schaffen so Eintrittspforten für Fäulnispilze. Ein Gemüseschutznetz hält die Übeltäter fern. Legen Sie es nach der Aussaat oder nach dem Pflanzen der Gemüsesetzlinge aus, und das Gemüse bleibt madenfrei.

Auf einen Blick: selbst hergestellte Kräuterauszüge gegen Insekten, Milben, Wühlmäuse und Pilzkrankheiten

Welches Mittel ...	... hilft wie und gegen wen?	Rezept auf Seite
Ackerschachtelhalmbrühe (Jauche und Tee)	unbedingt vorbeugend ab Laubaustrieb sprühen, gewebestärkend gegenüber Pilzen und Fraßfeinden	55
Brennnesselbrühe (Tee und Kaltwasserauszug)	vertreibt Blattläuse, Weiße Fliege und Spinnmilben, nur bei leichtem Befall einsetzen, bei starkem Blattlausauftreten hilft sie nicht mehr	71
Farnkrautjauche (Brühe)	wahrscheinlich bekämpfend gegen Überwinterungsstadien von Blatt-, Schild-, Schmier- und Blutläusen, gegen Rostkrankheiten	75
Holunderblattjauche	kann Wühlmäuse vertreiben	81
Kamillenblüten-Kaltwasserauszug	Saatbeize beugt Pilzerkrankungen vor	85
Knoblauchtee (Brühe)	beugt Pilzerkrankungen vor, vertreibt Schädlinge	88
Meerrettichbrühe (Tee)	beugt Monilia und anderen Pilzkrankheiten vor	96
Rainfarnbrühe (Jauche und Tee)	gegen Blattläuse, Wurzelläuse und andere Insekten, Erdbeermilbe und Brombeergallmilbe	99
Rhabarberbrühe (Jauche)	vorbeugend und vertreibend bei Blattläusen, Raupen und anderen Insekten	102
Schafgarbe-Kaltwasserauszug	beugt Pilzen wie Echtem Mehltau, Kräuselkrankheit am Pfirsich und Monilia vor	108
Thymiantee, Salbeitee	vertreiben wahrscheinlich Eulenfalter	105
Tomatenblatt-Kaltwasserauszug	verwirrt die Weibchen des Kohlweißlings bei der Eiablage	110
Wermutjauche (Brühe und Tee)	soll Brombeergallmilben, Blattläuse und Raupen sowie Säulenrost der Schwarzen Johannisbeere bekämpfen	114
Zwiebeljauche	beugt Pilzerkrankungen vor	119
Zwiebelschalenjauche	beugt Pilzerkrankungen vor	120

Wenn Kräuter nicht mehr helfen

Kräuterauszüge können Schädlinge wie Blattläuse, Raupen und Co. vertreiben, das jedoch nur bei leichtem bis mittelstarkem Befall. Ist der Befall so stark, dass er mit selbst gebrauten Kräuterauszügen nicht mehr in den Griff zu bekommen ist, können Biogärtner zum Beispiel auf folgende abtötende Mittel zurückgreifen: Rapsöl, Kaliseife und Pyrethrin. Doch Vorsicht: Diese Pflanzenschutzmittel sind nicht selektiv und töten auch nützliche Insekten. Schauen Sie deshalb, ob sich Nützlinge eingestellt haben und ob Bienen und Hummeln die Blüten aufsuchen. Dann sollten Sie zum Schutz dieser Insekten auf Rapsöl, Kaliseife und Pyrethrin verzichten.

Rapsöl und Kaliseife

Rapsöl und Kaliseife sind sogenannte Kontaktmittel, sie verkleben die Atemöffnungen der Insekten, die daraufhin ersticken. Kaliseife hilft gegen saugende Insekten und Spinnmilben, tötet jedoch die Eier der Tiere nicht ab. Die Anwendungen müssen deshalb mehrfach wiederholt werden. Rapsöl wirkt zusätzlich abtötend auf die Eier der Tiere. Es wird auch zur Austriebsspritzung im zeitigen Frühjahr eingesetzt (siehe auch Seite 77). Vorsicht im Sommer: Nur die Blätter von Hartlaubgewächsen wie Zitrus und Lorbeer vertragen den Ölkontakt. Weiche Blätter werden manchmal durch das Öl geschädigt.

Tipp Für eine selbst hergestellte Seifenlauge lösen Sie 150 bis 300 g reine Schmierseife in 10 Liter heißem Wasser auf. Die Brühe sollte klar sein, ohne Schwebteilchen. Nach dem Abkühlen wird die Seifenlauge in eine Pflanzenspritze gefüllt und auf den betroffenen Pflanzen verteilt, vor allem auf den Blattunterseiten.

Pyrethrin und Neem

Pyrethrin ist ein Kontaktgift, das Insekten tödlich lähmt. Es ist breitenwirksam und auch für nützliche Insekten tödlich (siehe auch Seite 99). Der Wirkstoff Azadirachtin in Neem-Präparaten wirkt fraßhemmend auf Insekten. Sie nehmen bei Kontakt keine Nahrung mehr auf, bleiben kleiner und verhungern. Es ist nützlingsschonend. Neem und Pyrethrin können Sie gegen Blattläuse, Weiße Fliege, Spinnmilben, Wanzen, Larven von Schmetterlingen und Käfern einsetzen.

Bacillus thuringiensis

Das Bakterium *Bacillus thuringiensis* (als wirksamer Bestandteil von B.t.-Präparaten) wirkt gegen die Larven aller Schmetterlingsarten (zum Beispiel Kohlweißling, Kohleule, Frostspanner, Apfelwickler und Pflaumenwickler, aber auch gern gesehene Arten). Diese nehmen es mit der Nahrung auf. Im Darm entstehen durch die Verdauung des Bakteriums Giftstoffe, die die Darmzellen schädigen. Kranke Raupen wirken schlaff und sterben bald an der Vergiftung. Kleine, junge Raupen reagieren empfindlicher auf die Giftattacke als größere, ältere Raupen.

Schwefel und Kupfer

Schwefel wirkt gegen Apfelschorf (siehe auch Seite 58) und Echte Mehltaupilze (siehe auch Seite 92). Er wird vorbeugend auf die Pflanzen ausgebracht. Es entsteht eine Art Schutzfilm, der die Pilze daran hindert, in die Blätter einzudringen. Schwefel hat auch eine abtötende Wirkung gegenüber Spinnmilben und Brombeergallmilben. In hohen Konzentrationen (ab 320 g/l) schädigt er auch nützliche Raubwanzen, Marienkäfer und Raubmilben.

Der Einsatz von Kupfer ist im ökologischen Landbau umstritten: Kupfer reichert sich bei häufiger Anwendung im Boden an und kann das Bodenleben stören. Vor allem in Weinbauregionen, wo Kupfer regelmäßig gegen Falschen Mehltau gespritzt wird, ist dies ein Problem. Kupfer ist wie Schwefel ein protektives Fungizid. Er hilft vorbeugend bei Falschem Mehltau, Apfelschorf und Kraut- und Braunfäule.

Zubereitungen von A bis Z

Ackerschachtelhalmbrühe

Der Ackerschachtelhalm lagert zur Stabilisierung seiner Zellwände Silikate ein, darunter bis zu zehn Prozent Kieselsäure. Dies macht die aus ihm gewonnenen Auszüge so reich an Kieselsäure, aber auch an Mineralstoffen und Spurenelementen. Die im Auszug gelöste Kieselsäure wird in die Zellen der behandelten Pflanzen eingebaut. Die Zellen werden dadurch fester und Pilze und Schadinsekten »beißen sich die Zähne daran aus«. Setzen Sie die Ackerschachtelhalmbrühe vorbeugend gegen Pilzkrankheiten ein, darunter Echten und Falschen Mehltau (siehe auch Seite 92), Kraut- und Braunfäule, Apfelschorf (siehe auch Seite 58), Rostkrankheiten, Sternrußtau an Rosen sowie Monilia (siehe auch Seite 97). Wichtig ist, dass nicht nur einmal, sondern in regelmäßigen Abständen gespritzt wird. Ackerschachtelhalm hat keine bekämpfende, sondern eine pflanzenstärkende Wirkung.

Zubereiten und verwenden

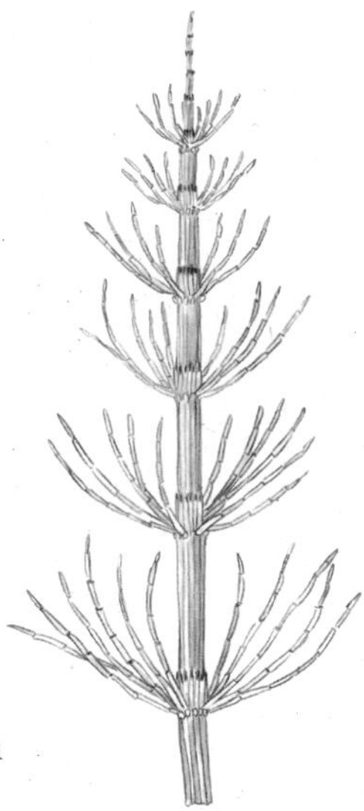

Die grünen, tannenbaumähnlichen Schachtelhalmtriebe können den ganzen Sommer über geerntet werden. Trocknen Sie einen Teil der Triebe. Dann haben Sie im nächsten Jahr rechtzeitig Kraut für die Frühjahrsspritzung. Gibt es in Ihrem Garten – glücklicherweise – keinen Ackerschachtelhalm, können Sie ihn auch im Kräuterladen kaufen. Dort wird er meist unter dem Namen »Zinnkraut« vertrieben. Im Gartenfachhandel sind gebrauchsfertige Ackerschachtelhalm-Extrakte erhältlich.

Zur Anwendung wird die fertige Brühe im Verhältnis 1:5 mit Wasser verdünnt. Sprühen Sie die Brühe ab dem Laubaustrieb alle zwei bis drei Wochen

Ackerschachtelhalmbrühe

- 1 kg frisches Ackerschachtelhalmkraut, zerkleinert
  oder 150 g getrocknetes Ackerschachtelhalmkraut, zerkleinert
- 10 l kaltes Wasser

24 Stunden einweichen,
30 Minuten leicht köcheln, abseihen
Grundrezept für Brühe: Seite 33

auf die Blätter und Triebe pilzanfälliger Pflanzen. Wichtig ist, dass die Ackerschachtelhalmbrühe regelmäßig angewendet wird. Nur dann kann die Kieselsäure auch in den neu gebildeten Zellen eingelagert werden. Es wird empfohlen, die Behandlung an sonnigen, trockenen Tagen durchzuführen. Bei feuchtwarmer Witterung sind die Bedingungen für Pilzinfektionen günstig und die Pilzsporen sehr aktiv. Dann reicht die vorbeugende Wirkung von Ackerschachtelhalm oft nicht aus.

Tauchen Sie die Wurzelballen von Himbeersträuchern vor dem Pflanzen 10 bis 15 Minuten in verdünnte Ackerschachtelhalmbrühe. Das beugt Wurzelkrankheiten vor. Das Tauchen ersetzt das Wässern vor dem Pflanzen.

Weitere Zubereitungen

Kombinationen mit Brennnesseljauche und mit Beinwelljauche

Mischungen aus verdünnter Ackerschachtelhalmbrühe und verdünnter Brennnesseljauche (siehe Seite 67) oder verdünnter Beinwelljauche (siehe Seite 63) ergeben kombinierte Dünge- und Pflanzenstärkungsmittel, zum Beispiel im Mischungsverhältnis 1:1. Sie werden in den Wurzelbereich gegossen.

Ackerschachtelhalmjauche

Ackerschachtelhalmjauche wird nach dem Grundrezept für Jauche auf Seite 24 angesetzt und im Verhältnis 1:5 mit Wasser verdünnt. Im Sommer soll sie vorbeugend gegen Blattläuse und Spinnmilben helfen, wahrscheinlich auch durch die Einlagerung von Kieselsäure in die Pflanzenzellen und der damit einhergehenden erhöhten Widerstandskraft. Blattläuse und Spinnmilben werden nicht getötet.

Ackerschachtelhalmtee

Wie die Brühe und die Jauche stärkt auch der Tee aus Ackerschachtelhalm die Widerstandskraft und beugt Pilzerkrankungen vor. Er wird nach dem Grundrezept für Tee auf Seite 38 hergestellt. Lassen Sie ihn etwa 20 Minuten lang köcheln, nur dann wird die Kieselsäure herausgelöst. Nach einer Ziehzeit von einigen Stunden sprühen Sie ihn unverdünnt auf Blätter und Triebe. Durch das Abkochen zur Brühe oder das Verjauchen wird mehr Kieselsäure aus dem Ackerschachtelhalm herausgelöst als bei der Herstellung des Tees.

Stammanstrich aus Ackerschachtelhalmbrühe und Lehm

Ein Stammanstrich aus Ackerschachtelhalmbrühe und Lehm schützt den Stamm vor Frostrissen und fördert das Zellwachstum. Geben Sie dafür Lehm oder Tonmehl (zum Beispiel Bentonit oder Kaolin) in die fertige, noch warme Ackerschachtelhalmbrühe, bis ein sämiger Brei entsteht. Lassen Sie die Mischung etwa 12 Stunden stehen. Der Anstrich wird mit einem Handfeger an frostfreien Tagen im November und im Februar auf die Stämme von Obstbäumen gestrichen.

Ackerschachtelhalm wirkt vorbeugend

Schachtelhalm-Präparate beugen erfolgreich Pilzkrankheiten vor. Ackerschachtelhalm enthält Kieselsäure und andere wirksame Substanzen, die das Pilzwachstum empfindlich stören, beispielsweise die Keimung und Entwicklung von Sporen des Bohnenrostes *(Uromyces phaseoli)*. Der Befall wird dadurch vermindert. Ebenso wirksam sind die Extrakte bei Kraut- und Braunfäule. Der Wermutstropfen dabei: Das Mittel muss bereits während des Sporenfluges ausgebracht werden! Und dieser Zeitpunkt ist nur schwer zu bestimmen (siehe auch Seite 31).

Kopfsalatblätter entwickeln bei einer Behandlung mit Ackerschachtelhalmbrühe eine stärkere Wachsschicht, die es den Erregern von Salatfäulen schwerer macht, in die Zellen einzudringen.

Und auch das wurde festgestellt: Nicht alle behandelten Pflanzen nehmen die Kieselsäure gleich gut auf. Gurken waren anfälliger für Echten Mehltau als gleichermaßen behandelte Getreidearten und Rittersporn.

Im Einsatz gegen Apfelschorf

Der Apfelschorf *(Venturia inaequalis)* schlägt besonders gern in feuchten Jahren zu. Die Pilzsporen überwintern auf dem Falllaub. Sie keimen bereits im zeitigen Frühjahr und infizieren die frisch ausgetriebenen Blätter. Auf den Blattunterseiten bilden sich schwarz-grüne Flecken. Für die Ausbreitung von Blatt zu Blatt und zu den Früchten braucht der Schorfpilz hohe Luftfeuchtigkeit und nasse Blätter. Auf den Früchten entstehen schwarze Flecken, die aufreißen und verkorken. Die Blätter werden braun und fallen vorzeitig ab.

Regelmäßig ausgebrachte Ackerschachtelhalmbrühe macht das Blattgewebe fester, sodass der Apfelschorf nicht so leicht eindringen kann.

Was kann man noch tun?

Sammeln Sie im Herbst und Winter das Falllaub auf. Sie können es kompostieren (neben Apfelschorf können Sie auch von Frucht-Monilia und Mehltau befallene Pflanzen im Garten kompostieren). Lichten Sie die Baumkrone so aus, dass das Laub schnell abtrocknen kann, denn lange Blattnässe begünstigt die Infektion. Pflanzen Sie schorfresistente Apfelsorten wie 'Topaz', 'Rubinola', 'Rewena' und andere Sorten, die mit »Re-« beginnen. In feuchten Jahren helfen auch wiederholte Spritzungen mit einem Schwefelpräparat.

Pflanzenporträt: Ackerschachtelhalm

Schachtelhalme sind leicht an ihren halskrausenartigen, grünen Quirlen zu erkennen. Die grünen Ästchen sind schmal und spitz, ähneln ein wenig Tannennadeln. Schachtelhalme blühen nicht im eigentlichen Sinne, so wie Kamille oder Rose, sondern vermehren sich über Sporen. Im Frühjahr entwickeln sich elfenbeinweiße, blattlose Sporenträger mit jeweils einem bräunlich gefärbten, keulenförmigen Zapfen am Ende. Die Sporenträger unterscheiden sich deutlich von den grünen Halmen.

Schachtelhalme sind Urzeitwesen, die bereits im Mesozoikum (vor 245 bis 65 Millionen Jahren) mit ihren baumähnlichen Verwandten Wälder bildeten. Die Schachtelhalm-Riesen sind längst ausgestorben, ihre im Vergleich kleinen Verwandten, die Schachtelhalme, gibt es heute noch. Der **Ackerschachtelhalm** *(Equisetum arvense)* ist am verbreitetsten. Er wird 20 bis 25 cm hoch. Seine Wurzeln reichen 1 bis 2 m tief in den Boden und sind weit verzweigt. In den Sprossen ist viel Kieselsäure gespeichert, die die Pflanzen aus dem Boden aufnehmen. Es gibt noch weitere Schachtelhalmarten, darunter der sehr giftige **Sumpfschachtelhalm** *(Equisetum palustre)* und der **Wiesenschachtelhalm** *(Equisetum pratense)*. Beide enthalten weniger Kieselsäure als der Ackerschachtelhalm. Früher nutzte man die polierenden Eigenschaften der Kieselsäure und scheuerte mit Ackerschachtelhalmkraut die Töpfe. Da es vor allem Zinngeschirr war, nannte man den Ackerschachtelhalm auch Zinnkraut.

Alle Schachtelhalme lieben feuchte Standorte. So finden Sie den Ackerschachtelhalm zum Beispiel auf feuchten Wiesen und an Wegrändern.

Ackerschachtelhalm im Garten

Eigentlich wünscht man sich den Ackerschachtelhalm nicht im Garten. Er ist ein sehr hartnäckiges Wurzelunkraut, das man dank seines tiefreichenden Wurzelsystems nur schwer wieder loswird. Ackerschachtelhalm ist eine Zeigerpflanze für verdichtete, staunasse Böden.

Baldrianblütenextrakt

Baldrianblütenextrakt soll die Blüten- und Fruchtbildung von Garten- und Zimmerpflanzen verbessern. Zudem fördert er die Aktivität und Gesundheit von Regenwürmern und Kompostwürmern und anderen Bodenorganismen. Baldrianblütenextrakt ist eines der sechs biologisch-dynamischen Kompostpräparate nach Rudolf Steiner. Findige Gärtner haben herausgefunden, dass sich dieser Extrakt auch als Dünger für Blütenpflanzen eignet.

Biologisch-dynamische Kompostpräparate

Biologisch-dynamische Kompostpräparate werden aus Schafgarbe, Kamille, Brennnessel, Eichenrinde, Löwenzahn und Baldrian hergestellt. Diese sechs Präparate sollen den Rottevorgang im Kompost verbessern. Die Herstellung ist kompliziert und folgt einem strengen Zeitplan. Die Kompostpräparate sind auch gebrauchsfertig erhältlich.

Frisch angesetzte Komposthaufen werden mit allen sechs Präparten auf einmal geimpft. Mit einem spitzen Holzstock werden fünf Löcher senkrecht in den Komposthaufen gestoßen: vier in jede Ecke und eines in die Mitte. Der Abstand zwischen den Löchern beträgt 50 cm bis 2 m. Etwa ein halber Teelöffel der einzelnen festen Präparate von Schafgarbe, Kamille, Brennnessel, Löwenzahn und Eichenrinde wird jeweils mit etwas fertigem Kompost zu einer Kugel geformt und je eine in jeweils ein Loch gesteckt. Die Brennnesselkugel kommt in die Mitte. Die bestückten Löcher werden gut verschlossen. 5 Milliliter des flüssigen Baldrianblütenextraktes werden in 5 Liter abgestandenes, handwarmes Regenwasser gerührt (Verdünnung 1:1000). Dann wird 5 Minuten in wechselnder Richtung gerührt. Anschließend verteilt man die Mischung mit einer Gießkanne auf der Oberfläche des Komposts. Danach wird der Kompost zur Verrottung abgedeckt, zum Beispiel mit Grasschnitt, Erde oder Vlies.

Zubereiten und verwenden

Baldrianblütenextrakt
- mehrere Handvoll frische Baldrianblüten, zerkleinert
- ein paar Tropfen Wasser

Grundrezept für Extrakt: Seite 40

Ernten Sie die voll aufgeblühten Baldrianblüten ab Juli und stellen Sie daraus gleich den Extrakt her. Getrocknete Baldrianblüten und Baldrianblütenextrakt sind auch im Gartenfachhandel erhältlich. Achtung: Baldrianextrakt aus der Apotheke oder Drogerie, der in der Heilkunde für uns Menschen zum Einsatz kommt, wird aus den Wurzeln hergestellt. Er wirkt ähnlich wie der Blütenextrakt, aber stärker. Neben dem Wurzelextrakt sind auch Blütenextrakte für die Human-Heilkunde erhältlich.

Der frische Extrakt kann in der Flasche noch gären. Verschließen Sie die Flasche deshalb erst nach einigen Wochen fest. Baldrianblütenextrakt hält sich mehrere Jahre, wenn er lichtgeschützt und kühl gelagert wird.

Zur Anwendung verdünnen Sie den fertigen Extrakt stark mit Regenwasser, im Verhältnis von etwa 1:1000. Das entspricht 1 Milliliter Extrakt auf 1 Liter Wasser. Gießen Sie die Mischung alle drei bis vier Wochen in den Wurzelbereich oder sprühen Sie den Ansatz auf blühfaule Pflanzen. Das fördert die Blütenbildung. Geben Sie Reste über den Kompost. Das regt dort die Umsetzungsprozesse an.

Tipp Baldrianblütenextrakt bindet den unangenehmen Geruch, der bei der Verjauchung von Brennnesseln, Beinwell und anderen Kräutern entsteht. Geben Sie einige Tropfen unverdünnt zum Jauchenansatz hinzu.

Pflanzenporträt: Echter Baldrian

Der bis zu 170 cm hohe **Echte Baldrian** *(Valeriana officinalis)* hat unpaarig gefiederte, gegenständig am Stängel sitzende Blätter, die jeweils aus 15 bis 21 gezähnten Teilblättchen bestehen. Die Stängel sind längs gefurcht und rot. Die endständigen Doldenrispen blühen von Juli bis September in einem hellen Rosa. Die Blüten duften leicht.

Der **Kleine Baldrian** *(Valeriana dioica)* wird nur etwa 30 cm hoch. Er blüht bereits von Mai bis Juli. Er sieht dem Echten Baldrian ähnlich, enthält aber nicht die gleiche Menge wirksamer Inhaltsstoffe.

Die Blütenstände von **Roter Spornblume** *(Centranthus ruber)* und Baldrian sehen sich sehr ähnlich. An den Blättern können Sie die beiden Pflanzen jedoch unterscheiden: Die Rote Spornblume hat ungefiederte, eiförmig lanzettliche Blätter. Ab Juni blüht sie dunkelrosa, manchmal auch weiß. Man findet sie auf trockenen, kalkhaltigen Böden. Sie wird als Zierstaude in Gärtnereien verkauft und wildert manchmal auch aus.

Der Echte Baldrian wächst in feuchten Laub- und Mischwäldern, auf Kahlschlägen und Lichtungen, an Waldwegen und auf nassen Wiesen.

Baldrian im Garten

Holen Sie sich eine Baldrianstaude oder mehrere Stauden in den Garten. Die Pflanzen finden ihren Platz im naturnahen Wildgarten, im Heil- und Kräutergarten oder in der Staudenrabatte. Baldrian braucht nährstoffreichen, feuchten, lehmigen Boden in sonniger Lage. Er verträgt auch trockene Böden.

Beinwelljauche

Beinwellblätter enthalten viel Stickstoff und Kalium, dazu Spurenelemente und weitere Mineralstoffe. Das kommt auch der daraus hergestellten Jauche zugute. Tomaten und andere Fruchtgemüse, Kartoffeln und Sellerie, auch Beerenobst profitieren besonders von diesem kaliumreichen Dünger. Denn Kalium fördert die Knollen- und Fruchtbildung.

Zubereiten und verwenden

> **Beinwelljauche**
> - 1 kg frische Beinwellblätter und Beinwellstängel (keine Wurzeln), zerkleinert
>   oder 150 g getrocknete Beinwellblätter (nur Blätter), zerkleinert
> - 10 l kaltes Wasser
>
> Grundrezept für Jauche: Seite 24

Vom Frühjahr bis in den Sommer können Sie die großen Beinwellblätter für die Beinwelljauche ernten. Beinwellpflanzen können mehrmals beerntet werden, weil bis in den Sommer neue Blätter nachwachsen. Geben Sie den Pflanzen bei solch einer intensiven Nutzung nach jedem Schnitt eine Gabe Kompost. Wer richtig viel Beinwell in seinem Garten hat, kann das Kraut auf Vorrat trocknen. Der beste Erntezeitpunkt dafür ist vor der Blüte. Beinwell ist auch als Pulver zur Herstellung von Beinwelljauche im Gartenfachhandel erhältlich.

Die Schleimstoffe, die in den Blättern und auch Wurzeln enthalten sind, machen die Jauche nach zwei bis drei Tagen schleimig. Das ist kein Grund zur Sorge.

Für die Anwendung wird die fertige Beinwelljauche im Verhältnis 1:10 mit Wasser verdünnt. Gießen Sie den gehaltvollen Flüssigdünger zweimal bis dreimal während der Saison in den Wurzelbereich der Gemüsepflanzen. Verdünnen Sie die Jauche noch stärker, etwa im Verhältnis 1:20, wenn Sie damit junge Tomaten oder Kartoffeln gießen. Bohnen, Erbsen, Zwiebeln und Knoblauch vertragen die stickstoffreiche Düngung nicht!

Bei Kaliummangel sind Blätter und Triebe schlaff, sogar welk. Das liegt daran, dass der Wasserhaushalt der Pflanzenzellen gestört ist, der unter anderem auf Kalium angewiesen ist. Die Blätter werden vom Rand her braun und trocknen ein. Frosthärte und Dürreresistenz sind herabgesetzt. Für einen schnell wirkenden Blattdünger bei Stickstoffmangel oder Kaliummangel wird die Jauche im Verhältnis 1:20 bis 1:50 (bei empfindlichen Pflanzen) mit Wasser verdünnt.

Tipp Mulchen Sie Ihre Gemüsebeete mit klein geschnittenen oder ganzen Beinwellblättern. Starkzehrende Gemüse wie Kartoffeln und Tomaten danken für diese Startdüngung mit gutem Wachstum. Die Blätter geben beim Verrotten nicht nur Nährstoffe ab, sondern beschatten auch den Boden und halten ihn feucht. Auch unter Beerensträuchern stärkt der Beinwellmulch die Gesundheit der Pflanzen.

Weitere Zubereitungen

Kombinationen mit Brennnessel und Ackerschachtelhalm

Sie können Beinwell gemeinsam mit Brennnesseln für eine Jauche ansetzen oder die fertigen, bereits verdünnten Einzeljauchen mischen.

Fertige Ackerschachtelhalmbrühe (siehe Seite 55) und Beinwelljauche können ebenfalls gemischt und als kombiniertes Dünge- und Pflanzenstärkungsmittel gegossen werden. Bitte vergessen Sie nicht, Brühe und Jauche vor(!) dem Mischen jeweils nach Anweisung zu verdünnen!

Beinwell als Heilmittel

Der Name »Beinwell« bezieht sich auf die Heilkraft des Krautes: Bei Quetschungen, Prellungen und Verstauchungen hilft ein Umschlag aus zu Brei zerkleinerten frischen Wurzeln und Blättern. Die Heilwirkung ist auf das enthaltene Allantoin zurückzuführen, das eine Beschleunigung des Zellaufbaus und der Zellbildung bewirkt. Früher wurde Beinwell auch gegessen und als Tee getrunken. Davon wird aufgrund möglicherweise leberschädigender und krebserregender Inhaltsstoffe (Pyrrolizidinalkaloide) heute jedoch abgeraten.

Pflanzenporträt: Gemeiner Beinwell

Der **Gemeine Beinwell** *(Symphytum officinale)* hat große, ovale, rau behaarte, wechselständige Blätter. Sie laufen deutlich am Stängel herab. Von Mai bis September erscheinen in den Blattachseln Doppelwickel mit nickenden, röhrenförmigen Blüten. Ihre Färbung reicht von schmutzig Purpurn über Rosaviolett bis Gelblichweiß. Die Wurzeln sondern zähen Schleim ab, wenn sie verletzt werden. Die Staude wird 30 bis 100 cm hoch. Sehr ähnlich sieht der **Raue Beinwell** oder **Comfrey** *(Symphytum asperum)* aus. Comfrey wird mit knapp 2 m Größe höher als der Gemeine Beinwell und hat blaue Blüten, die von Juni bis August erscheinen. Er hat dieselben Eigenschaften wie Beinwell. Der Name »Comfrey« wird in der Gartenliteratur oft synonym für beide Beinwellarten verwendet. Niedrig wüchsige Beinwellarten können als Bodendecker im Garten dienen. Beinwell wächst an Ufern und Gräben, in Auwäldern, an Waldrändern, auf feuchten Waldlichtungen, nassen Wiesen, auch feuchten Schuttplätzen und Wegen. Er gilt wie die Brennnessel als Stickstoffzeigerpflanze.

Beinwell im Garten

Beinwell ist eine beliebte Staude für naturnahe Gärten, nicht nur wegen seiner gesunden Blätter, sondern auch als Bodendecker *(Symphytum grandiflorum)* und Insektenweide. Er braucht einen tiefgründig feuchten, nährstoffreichen Boden und gedeiht im lichten Schatten von Obstbäumen oder Sträuchern besonders gut. Die anspruchslose Pflanze breitet sich schnell aus. Brechen Sie die Blütenstände aus, damit sie buschig wird und Sie viele Blätter zum Ernten erhalten. Sobald sich Ihr Beinwell etabliert hat, können Sie einige Pflanzen auch blühen lassen. Hummeln sind ganz verrückt nach den Beinwellblüten.

Für Hummeln ist der Nektar in den engen, glockenförmigen Beinwellblüten auf »normalem« Weg schwer zu erreichen. Trotzdem kommen die Insekten an den süßen Saft: Sie nagen die Blüten am Ansatz an und holen sich den Nektar, ohne die Blüten zu bestäuben. Diese »Törchen« nutzen dann auch andere Bienen. Die Nagestellen verfärben sich bräunlich, ein typisches Merkmal des Beinwells.

Brennnesseljauche

Brennnesseljauche ist ein Naturprodukt, das der Gärtner zudem selbst herstellt. Deshalb schwanken die Nährstoffgehalte auch je nach Gärtner, Wetter, Alter und Menge der verwendeten Brennnesseln. Brennnesseljauche ist immer überaus reich an Stickstoff. Der Stickstoff liegt zu etwa 40 Prozent als leicht pflanzenverfügbarer Ammoniumstickstoff vor. Die Jauche enthält zudem Kieselsäure, Kalium und Kalzium, die solchermaßen gedüngte Pflanzen in ihre Zellwände einbauen. Die so verstärkten Pflanzenzellen sind widerstandsfähiger gegenüber Insekten und Schadpilzen. Sie machen es den Insekten und Pilzhyphen schwer, die Zellen zu durchstoßen oder zu zerbeißen.

Wie wirkt Brennnesseljauche? Sie fördert das Wurzel- und Pflanzenwachstum. Auch die Bodenmikroorganismen sind dadurch viel aktiver, was wiederum eine bessere Verfügbarkeit von Nährstoffen zur Folge hat. Wahrscheinlich ist diese Wirkung auf den guten Mineralstoffgehalt und geringe Mengen Wuchsstoffe (Pflanzenhormone) zurückzuführen. Als Blattdünger steigert Brennnesseljauche die Chlorophyllbildung.

Im Folgenden wird die düngende Brennnesseljauche erklärt. Weitere Brennnesselzubereitungen wie Kaltwasserauszug und Brennnesselbrühe finden Sie ab Seite 71.

Zubereiten und verwenden

> **Brennnesseljauche**
> - 1 kg frisches Brennnesselkraut, zerkleinert
>   oder 150 g getrocknetes Brennnesselkraut, zerkleinert
> - 10 l kaltes Wasser
>
> Grundrezept für Jauche: Seite 24

Für die Brennnesseljauche werden Blätter und Stängel der Brennnessel am besten vor der Blüte geschnitten. Im Mai geerntet, sind Brennnesseln besonders reich an Nährstoffen. Tragen Sie bei der Ernte unbedingt Handschuhe, denn die Brennnesseln wissen sich mit ihren Brennhaaren zu wehren. Kleine Brennnessel und Große Brennnessel haben dieselben positiven Eigenschaften. Das Kraut kann getrocknet werden. Finden sich partout keine oder nicht genügend Brennnesseln für einen Ansatz, können Sie getrocknete Blätter in Apotheken oder Kräuterläden kaufen. Im Gartenfachhandel gibt es auch Brennnesselpulver für den Ansatz von Jauche und Brühe.

Für die Anwendung wird die fertige Brennnesseljauche im Verhältnis 1:20 mit Wasser verdünnt. Dieser Flüssigdünger wird zweimal bis dreimal während der Saison in den Wurzelbereich von Gemüsepflanzen, Stauden und Sommerblumen gegeben. Starkzehrende Gemüsearten wie Kürbis und Kopfkohl vertragen ein bisschen mehr Futter. Die Jauche darf dann ein wenig stärker sein, im Verhältnis 1:10 verdünnt. Oder Sie geben sie öfter. Doch nicht alle Gemüse vertragen diese stickstoffreiche Düngung. Verzichten Sie bei Bohnen, Erbsen, Zwiebeln und Knoblauch darauf.

Gießen Sie die Jauche nicht über Blätter und Triebe! Der konzentrierte Dünger könnte zu Verbrennungen führen. Eine Ausnahme ist ein akuter Stickstoffmangel. Diesem können Sie schnell entgegenwirken, wenn Sie die stark verdünnte Brennnesseljauche (Verdünnung 1:50) direkt über die Blätter sprühen. Führen Sie diese Behandlung jedoch nur bei bedecktem Himmel durch, sonst verbrennen die Blätter. Wiederholen Sie diese Prozedur etwa alle zwei Wochen, bis die Mangelsymptome weg sind.

Bei Stickstoffmangel werden die Blätter gelb. Die Gelbfärbung beginnt bei den älteren Blättern, im unteren oder inneren Pflanzenbereich. Die betroffenen Pflanzen wachsen nur kümmerlich.

Pflanzenporträt: Große Brennnessel

Die **Große Brennnessel** *(Urtica dioica)* wird 60 bis 150 cm hoch. Ihre ovalen, an den Enden spitz zulaufenden, dunkelgrünen Blätter sind am Rand gesägt. Die Blätter stehen kreuzgegenständig am Stängel, das heißt, immer zwei Blätter stehen sich direkt gegenüber und die darüber und darunterliegenden Blattpaare stehen um 90 Grad versetzt dazu. Von Juni bis Oktober erscheinen die langen, hängenden, grünlichen Blütenrispen in den Blattachseln. Man unterscheidet zwischen männlichen und weiblichen Blüten, die auf verschiedenen Pflanzen sitzen: Es gibt also männliche und weibliche Pflanzen. Wie unterscheidet man Männchen und Weibchen? Dafür müssen Sie ganz nah ran an die widerspenstigen Brennnesseln, und zwar an die rispigen Blütenstände: Diese bestehen aus vielen winzigen Einzelblüten. In den männlichen Blüten sitzen jeweils vier Staubblätter, die den Pollen ausstäuben. Im Zentrum der weiblichen Miniblüte befindet sich ein Fruchtknoten. Für die Wirksamkeit der Jauche ist der kleine Unterschied nicht bedeutsam.

Die **Kleine Brennnessel** *(Urtica urens)* sieht ihrer großen Schwester sehr ähnlich, wird aber, wie der Name schon andeutet, nur 15 bis 45 cm hoch. Und noch einen Unterschied gibt es: Männliche und weibliche Blüten sitzen jeweils in einem gemeinsamen Blütenstand auf einer Pflanze, es gibt also keine männlichen und weiblichen Pflanzen.

Äußerlich ähnlich wie Große und Kleine Brennnessel, aber ohne die brennenden Begleiterscheinungen, sind die **Taubnesseln** *(Lamium)*. Sie haben weichere Blätter mit einem rundgezähnten Rand. In den Blattachseln stehen auffällige weiße, gelbe oder lilafarbene Lippenblüten.

Brennnesseln wachsen bevorzugt auf nährstoffreichen, humosen Böden, an feuchten Stellen in Laub- und Nadelwäldern, auf Schuttplätzen und an Wegrändern.

Brennnessel im Garten

In Ihrem Garten finden sich die Brennnesseln auf gut mit Stickstoff gedüngten Flächen von allein ein. Das kann auch ein Hinweis auf Überdüngung sein. Lassen Sie das Wildkraut in einer kleinen Gartenecke seinem Ausbreitungsdrang nachgehen. Vorsicht: Die ausdauernde Pflanze gilt nicht zu Unrecht als wucherndes Kraut. Sie breitet sich durch Samen und Wurzelausläufer aus. Nimmt sie sich zu viel heraus und wandert in den übrigen Garten, können Sie die Ausläufer mit einem Spaten abstechen.

Auf Brennnesseln haben Tagpfauenauge, Admiral, Kleiner Fuchs, Landkärtchen und C-Falter ihre Kinderstuben. Die Raupen dieser Schmetterlingsarten sind auf Brennnesseln als Futterpflanzen angewiesen. Wenn Sie dieser wichtigen Futterpflanze Raum geben, locken Sie die mittlerweile seltenen Schmetterlinge in Ihren Garten.

Die widerspenstige Brennnessel

Brennnesseln tragen zum Schutz vor hungrigen Tieren verkieselte Haare auf Blättern und Stängeln. In diesen sogenannten Brennhaaren befindet sich eine toxische Mischung aus Nesselgift und dem Eiweiß Histamin. Einige Insektenarten lassen sich von diesem Waffenarsenal allerdings nicht beeindrucken und knabbern munter an den Brennnesselblättern, zum Beispiel die Raupen von Tagpfauenauge und Co. Berührt man die winzigen Brennhaare – zufällig oder mit Absicht –, bohren sich die Spitzen in die Haut und brechen ab. Daraufhin werden Nesselgift und Histamin in die Wunde »gespritzt«. Die Haut reagiert mit Ausschlag, den Nesselquaddeln, und Rötungen auf diesen Angriff. Es genügt schon ein zehn Millionstel Gramm Brennhaarflüssigkeit für diese Reaktion! Schnelle Hilfe gegen den Schmerz bringt ein zerdrücktes Breitwegerichblatt, das Sie auf die Quaddeln legen. Es gibt übrigens einen Trick, wie man den Brennnesselangriff umgehen kann: Streicht man von unten nach oben über die Blätter, bleiben die Brennhaare heil. Auch die jungen Blättchen sind noch harmlos.

Weitere Zubereitungen

Kombinationen mit Beinwell und Ackerschachtelhalm

Das Brennnesselkraut kann zusammen mit Beinwellblättern zu einer Mischjauche angesetzt werden. Dann haben Sie einen Stickstoffdünger mit hohem Kaliumanteil, der von den Beinwellblättern beigesteuert wird (siehe Seite 63). Sie können auch die getrennt angesetzten Jauchen mischen, nachdem sie jeweils verdünnt wurden (erst verdünnen, dann mischen). Dieser Kombidünger ist zum Beispiel für die Tomatendüngung gut geeignet.

Stark verdünnte Brennnesseljauche, die als Blattdünger verwendet werden soll, kann gut mit Ackerschachtelhalmbrühe (siehe Seite 55) kombiniert werden.

Beißende Brennnesseljauche

Die beißende Brennnesseljauche ist eine Variante, die wie die »normale« Brennnesseljauche angesetzt wird, aber bereits nach drei Tagen verwendet wird. Die Gärung hat dann bereits begonnen, ist aber noch nicht abgeschlossen. Die beißende Brennnesseljauche soll Spinnmilben, Blattläuse und andere saugende Insekten vertreiben. Nehmen Sie einen Teil der Jauche ab, verdünnen Sie ihn stark im Verhältnis 1:50 mit Wasser und sprühen Sie die Flüssigkeit bei bedecktem Himmel über die Blätter. Den Rest lassen Sie weitergären, bis die Jauche fertig ist.

Die beißende Brennnesseljauche ist auch unter den Namen »junge Jauche« und »gärende Jauche« bekannt. Namensähnlichkeit besteht auch mit der »beißenden Brennnesselbrühe«. So wird der Kaltwasserauszug aus Brennnesselkraut auch genannt. Rezeptur und Anwendungsmöglichkeiten finden Sie auf Seite 72.

Brennnesselbrühe und Brennnessel-Kaltwasserauszug

Brennnesselbrühe und Brennnessel-Kaltwasserauszug sind wohl die bekanntesten Bekämpfungsmittel nach Bio-Art gegen Blattläuse. Anders als vielfach angenommen, töten sie die Blattsauger jedoch nicht. Es ist wahrscheinlich der Brennnesselgeruch, der abwehrend wirkt. Und die beiden Auszüge helfen auch nur dann, wenn sie schon frühzeitig beim ersten Erscheinen der Blattläuse eingesetzt werden. Eine ausgewachsene Blattlauskolonie lässt sich davon nicht mehr beeindrucken. Da hilft schon eher ein scharfer Wasserstrahl.

Brennnesselbrühe hat durch ihren Stickstoffanteil einen leicht düngenden und einen pflanzenstärkenden Effekt. Die in ihr enthaltene Kieselsäure wird in die Zellwände der damit behandelten Pflanzen eingebaut.

Brennnesselbrühe zubereiten und verwenden

Für die Brennnesselbrühe ernten Sie ab Mai Blätter und Stängel von Großer und Kleiner Brennnessel. Wo diese wachsen und wie sie aussehen, ist bei der Herstellung der Brennnesseljauche auf Seite 68 beschrieben. Tragen Sie dabei Handschuhe, damit die Brennnesseln Sie nicht »verbrennen«. Ab Juni und Juli können Sie das Kraut zum Trocknen ernten. Getrocknete Blätter gibt es auch in Apotheken oder Kräuterläden oder als Pulver im Gartenfachhandel.

Zur Anwendung verdünnen Sie die fertige Brühe im Verhältnis 1:10 mit Wasser. Sprühen Sie sie auf die befallenen Pflanzen, am besten bei bedecktem Himmel. Wiederholen Sie die Behandlung regelmäßig alle 7 bis 10 Tage. Die Blattläuse müssten nach der Behandlung abwandern. Die Wirkung ist oft nicht ausreichend, wenn die Blattläuse die Pflanzen schon stark besiedeln.

Brennnesselbrühe

- 1 kg frisches Brennnesselkraut, zerkleinert
  oder 150 g getrocknetes Brennnesselkraut, zerkleinert
- 10 l kaltes Wasser

24 Stunden einweichen,
30 Minuten leicht köcheln, abseihen
Grundrezept für Brühe: Seite 33

Weitere Zubereitung

Brennnesseltee

Dem Brennnesseltee wird eine ähnliche Wirkung wie der Brennnesselbrühe nachgesagt. Sprühen Sie den Tee unverdünnt auf blattlausbefallene Blätter. Er wird nach der Grundrezeptur für Tee auf Seite 38 aus 20 g getrockneten Brennnesseln und 1 Liter Wasser hergestellt.

Brennnessel-Kaltwasserauszug zubereiten und verwenden

Der Kaltwasserauszug aus Brennnesseln wird fälschlicherweise manchmal auch »beißende Brennnesselbrühe« genannt. Er soll gegen Blattläuse und Weiße Fliege helfen und wirkt auf diese Tiere wahrscheinlich abschreckend und vergrämend.

Zur Anwendung wird der fertige Kaltwasserauszug unverdünnt über die Pflanzen gespritzt. Vorsicht: Die Flüssigkeit darf für diese Anwendung noch nicht gären! Gärt sie bereits, erkennbar am Schaum, ist es schon eine »beißende Jauche« und sollte für eine Blattspritzung im Verhältnis 1:50 mit Wasser verdünnt werden (siehe Seite 70). Der Rest kann zu Jauche weitervergoren werden.

Brennnessel-Kaltwasserauszug

- 1 kg frisches Brennnesselkraut, zerkleinert oder 150 g getrocknetes Brennnesselkraut, zerkleinert
- 10 l kaltes Wasser

24 Stunden einweichen, abseihen, auspressen
Grundrezept für Kaltwasserauszug: Seite 36

Im Einsatz gegen Blattläuse

Blattläuse saugen Pflanzensaft und schwächen so die Pflanzen. Junge Triebe und Knospen sind besonders empfindlich und wegen des zarten Gewebes auch sehr beliebt, sodass die Blattläuse dort zuerst siedeln. Befallene Jungtriebe verkrüppeln oder vertrocknen. Hinzu kommt, dass die Blattläuse Honigtau absondern, der die Blätter verklebt. Auf diesem Klebefilm siedeln sich Rußtaupilze an, die die Blätter mit einer schwärzlichen Schicht überziehen. Diese »erstickt« die Blätter. Einige Blattläuse können auch Pflanzenviren übertragen.

Es gibt viele verschiedene Blattlausarten. Einige Arten sind auf bestimmte Pflanzenarten spezialisiert, zum Beispiel die Rosenblattlaus und die Wermutblattlaus. Andere suchen dagegen verschiedene Wirtspflanzen auf. Blattläuse leben oft dicht gedrängt in Kolonien. Im Sommer vermehren sie sich in rasanter Geschwindigkeit. Das liegt daran, dass die weiblichen Blattläuse ohne Befruchtung lebenden Nachwuchs zur Welt bringen. Den zeitintensiven Umweg über Partnersuche, Begattung und Eiablage sparen sie sich. So lässt sich auch erklären, warum ganze Rosentriebe so plötzlich von Blattläusen überzogen sind, wo gestern nur einige wenige saßen. Wird es den Läusen zu eng, entstehen geflügelte Formen, die dann auf Wanderschaft gehen und benachbarte Triebe oder Pflanzen aufsuchen. In den Sommermonaten bestehen die Blattlauskolonien nur aus Weibchen. Erst im Herbst gibt es auch Männchen, die die Weibchen begatten. Die Blattläuse überwintern als Weibchen oder als Ei auf den Trieben.

Was kann man noch tun?

Brennnesselbrühe und Brennnessel-Kaltwasserauszug helfen nur bedingt bei einer ausgeprägten Blattlausplage im Sommer. Planen Sie deshalb auch andere vorbeugende und bekämpfende Maßnahmen: Achten Sie ab dem Frühjahr auf erste Blattläuse, die aus dem Winterschlaf erwacht sind, und zerdrücken Sie sie. Blattlauskolonien an Trieben können mit einem scharfen Wasserstrahl abgespritzt werden. Stark besiedelte, teils schon verkrüppelte Triebe werden zurückgeschnitten. Bald finden sich Nützlinge wie Marienkäfer, Schwebfliegen und Florfliegen ein, die sich von den Blattläusen ernähren. Sie können auch gezielt eingesetzt werden (siehe auch Seite 48). Pflanzenschutzmittel auf Rapsölbasis oder Kaliseifenbasis verkleben die Atemöffnungen der Insekten, sodass sie absterben (siehe auch Seite 52). Vorsicht: Diese Mittel schaden auch Nützlingen!

Brennnessel: abschreckend oder gar tödlich?

Polnische Wissenschaftler haben Auszüge von Brennnessel in verschiedenen Konzentrationen an Spinnmilben getestet. Wurden die Blätter der behandelten Pflanzen mit der geringsten Brennnesselkonzentration (10 g/l) und der mittleren Konzentration (20 g/l) besprüht, flüchteten etwa 60 Prozent der Spinnmilben. Die Konzentration von 10 g/l entspricht der üblichen Konzentration eines Kaltwasserauszugs. Bei der höchsten Konzentration (40 g/l) konnte auch ein abtötender Effekt festgestellt werden.

So wurde der Brennnesselauszug von den Wissenschaftlern hergestellt: 10 g (oder 20 g oder 40 g) getrocknete Brennnesseln mit 1 Liter destilliertem Wasser mischen, 24 Stunden ziehen lassen, ab und an umrühren und durch Filterpapier filtrieren.

Farnkrautjauche

Ansätze aus Farnkraut sind feste Bestandteile in populären Ratgebern zur Herstellung von Pflanzenstärkungsmitteln. Farnkrautjauche aus Adlerfarn oder Wurmfarn wird gegen verschiedene Insekten empfohlen. Darum habe ich ihr etwas Platz eingeräumt, obwohl eine abwehrende oder abtötende Wirkung auf Gartenschädlinge nicht belegt ist. Bekannt ist: Wurmfarnwurzeln wirken antibakteriell und Adlerfarn enthält viel Kalium. Aber: Beim Umgang mit Adlerfarn und Wurmfarn und den daraus angesetzten Suden ist Vorsicht geboten. Beide Farne und die daraus hergestellten Auszüge aller Art sind giftig!

Die Wurzeln des Wurmfarns enthalten Phlorogluzinderivate, die Darmparasiten lähmen. Ein Absud wurde bereits in der Antike gegen Bandwürmer und andere Magen-Darm-Würmer eingenommen. Daher der Name Wurmfarn. Die Nebenwirkungen können jedoch schwerwiegend sein: Da der Wurmfarn nicht einfach zu dosieren ist, kam es in der Vergangenheit oft zu schweren Vergiftungen, die von Übelkeit, Erbrechen, Durchfall und Atembeschwerden begleitet wurden.

Noch giftiger als der Wurmfarn ist der Adlerfarn. Alle seine Pflanzenteile sind für Menschen und Tiere hochgiftig! Sie enthalten das krebserregende Ptaquilosid, Blausäureglykoside, Saponine und das Enzym Thiaminase. Thiaminase stört die Vitamin-B_1-Versorgung von Pferden und anderen Weidetieren, Nagern und Vögeln. Eine Vergiftung hat innere und äußere Blutungen an Augen, Nase, Magen und Nieren zur Folge. Das kann bei Tieren zum Tod führen. Die jungen Farnsprosse enthalten die höchste Giftkonzentration. Das Gift wird nicht durch Trocknen oder Kochen zerstört.

Zubereiten und verwenden

Farnkrautjauche wird aus den Blättern von Wurmfarn und Adlerfarn hergestellt. Beide Farne können einzeln oder zusammen angesetzt werden. Die voll entwickelten Wedel werden im Sommer geerntet und in Bündeln getrocknet.

Farnkrautjauche

- 1 kg frische Wurmfarnblätter oder Adlerfarnblätter, zerkleinert oder 200 g getrocknete Wurmfarnblätter oder Adlerfarnblätter, zerkleinert
- 10 l kaltes Wasser

Grundrezept für Jauche: Seite 24

Zur Anwendung sprühen Sie die fertige Jauche unverdünnt während des Laubaustriebs auf Obstbäume. Das soll gegen die Überwinterungsstadien von Blattläusen, Blutläusen sowie Schild- und Schmierläusen helfen. Im Frühjahr und Sommer wird die Jauche gegen Blattläuse und Rostkrankheiten eingesetzt. Dann wird sie im Verhältnis 1:10 mit Wasser verdünnt. Die reine Adlerfarnjauche ist außerdem ein guter Kaliumdünger. Sie kann unverdünnt in den Wurzelbereich von Pflanzen gegossen werden, denen es an Kalium fehlt (siehe auch Seite 63).

Tipp Farnkraut ist giftig und sollte nur mit Vorsicht im Garten eingesetzt werden. Greifen Sie besser auf folgende Alternativen aus der Gartenapotheke zurück: Als schnell wirkender Kaliumdünger ist Beinwelljauche gut geeignet (siehe Seite 63). Gegen Blattlaus und Co. helfen Rainfarnbrühe (siehe Seite 99), die vergrämende Brennnesselbrühe (siehe Seite 71) oder Knoblauchtee (siehe Seite 88). Pilzkrankheiten beugen Sie mit Ackerschachtelhalmbrühe (siehe Seite 55) oder Knoblauchtee vor.

Weitere Zubereitungen

Farnkrautbrühe

Farnkrautbrühe wird nach dem Grundrezept für Brühe auf Seite 33 hergestellt und für die Anwendung im Verhältnis 1:10 mit Wasser verdünnt. Sie wird wie die Jauche gegen die Überwinterungsstadien von verschiedenen Läusen an Obstbäumen angewendet.

Farnkrautextrakt

Farnkrautextrakt wird aus 5 g getrockneten, pulverisierten Farnblättern und 500 Milliliter Wasser nach dem Grundrezept für Extrakt auf Seite 40 hergestellt. Unverdünnt werden damit Kolonien von Blutläusen an Stämmen und Zweigen von Gehölzen ausgebürstet. Im Verhältnis 1:10 verdünnt, wird er gegen Schildläuse gespritzt.

Im Einsatz: Austriebsspritzung

Blattläuse, Schildläuse, Spinnmilben und verschiedene Wicklerarten überwintern an den Ästen unserer Obstbäume. Die einen als Ei, die anderen als Larven. Die wenige Millimeter großen Eigelege sind oft schon mit bloßem Auge zu erkennen. Nehmen Sie sich zum Ende des Winters Zeit, etwa Ende Februar, die Fruchttriebe Ihrer Obstgehölze näher zu begutachten. Diese Astkontrolle lässt sich auch gut mit dem Winterschnitt verbinden. Schauen Sie sich dafür die zwei- und mehrjährigen Triebe an verschiedenen Stellen der Baumkrone mit einer

Eine Lupe vergrößert die winzigen Eigelege von Läusen, Spinnmilben oder Frostspannern an den Ästen unserer Obstbäume. So kommt man diesen Überwinterungsstadien bei einer Astkontrolle gegen Winterende auf die Spur. Mit einer Austriebsspritzung lässt sich gegensteuern, wenn zahlreiche Eier auf eine starke Besiedlung in der kommenden Gartensaison hindeuten.

Lupe an. Eine große Anzahl Gelege mit roten oder schwarzen Eiern ist ein Hinweis auf Obstbaumschädlinge. Auch wenn in der vergangenen Saison viele Läuse oder Raupen auf den Obstbäumen unterwegs waren, können sich viele Überwinterungsstadien auf den Bäumen befinden.

Eine Austriebsspritzung zur Zeit des Laubaustriebs reduziert die Überwinterungsstadien der Tiere deutlich. Für diese zeitigste aller Behandlungen im Jahr werden Rapsölpräparate verwendet. Der Ölfilm legt sich um die Eier und Larven und tötet sie. Aber Vorsicht: Die Austriebsspritzung darf nicht vorbeugend angewendet werden. Auch nützliche Raub- und Blindwanzen, Raubmilben und Schlupfwespen überwintern an den Trieben. Und wenn Sie viele Eier von diesen Nützlingen finden, können Sie auf die Austriebsspritzung verzichten.

So erkennen Sie die Überwinterungsstadien

- **Obstbaumspinnmilbe:** Diese Spinnmilbe legt ihre intensiv roten, etwa 0,1 mm großen kugelförmigen Eier bevorzugt an den Übergangsstellen vom alten zum neuen Holz ab. Zwischen den Eiern lauern oft schon die Gegenspieler der Spinnmilben: ebenfalls als Eier – länglich, hellgelb – überwinternde Blindwanzen und tropfenförmige, weißliche, braune und rote Raubmilbenweibchen.
  ➔ Zeit zum Handeln: ab 1000 Eier pro 1 m Fruchtholz.
- **Blattläuse:** Die glänzenden, schwarzen, etwa 0,5 mm großen spitzovalen Wintereier der Blattläuse finden Sie vor allem einzeln an einjährigen Langtrieben (an Apfel), in den Achselknospen (an Pfirsich), in Rindenrissen (an Kirsche) oder an Knospen (an Pflaume). Die Blattlausart lässt sich zu diesem Zeitpunkt noch nicht bestimmen. Nur die Grüne Apfelblattlaus gibt sich zu erkennen: Sie ist die einzige, die ihre Eier dicht an dicht in Gruppen ablegt.
  ➔ Zeit zum Handeln: ab 25 Eier pro 1 m Fruchtholz.
- **Blutläuse:** Die rötlich violetten Larven der Blutläuse verkriechen sich in Rindenritzen, Astwunden und an Veredelungsstellen. Der für Blutläuse typische weiße Flaum fehlt noch (siehe auch Seite 135). Sehen Sie Löcher in den Blutläusen, wurden diese bereits von einem Parasiten getötet und es ist nicht nötig, einzugreifen.
  ➔ Zeit zum Handeln: 1 Fundort mit Larven pro 1 m Fruchtholz.

- ▷ **Schildläuse:** Napfschildläuse überwintern vor allem als ältere Larven, seltener als Muttertiere. Die Larven haben abgeflachte, ovale, bräunliche, etwa 0,5 mm große Körper mit einem kleinen Grat längs der Rückenmitte. Unter den etwa 0,3 mm großen rundlich aufgewölbten Schilden der Muttertiere befinden sich die weißlichen Eier. Ist im Schild ein Loch, wurde die Laus bereits von einem Parasiten getötet und eine Bekämpfung ist nicht mehr nötig.
  ➔ Zeit zum Handeln: 2 Schilde pro 1 m Fruchtholz.
- ▷ **Wicklerraupen:** Im Herbst suchen die Wicklerraupen gezielt Plätze unter losen Rindenstückchen, wo sie sich in Kokons einspinnen und verpuppen.
  ➔ Zeit zum Handeln: 1 Raupenkokon pro 1 m Fruchtholz.
- ▷ **Frostspanner:** Die Frostspannerweibchen legen ihre etwa 0,7 mm großen, tönnchenförmigen, orangeroten Eier in Rindenritzen ab. Grünlich gefärbte Eier sind unbefruchtet. Aus diesen schlüpfen keine gefräßigen Raupen.
  ➔ Zeit zum Handeln: 2 orangerote Eier pro 1 m Fruchtholz.

Sitkafichtenlaus

Wenn Blaufichten von innen her braun werden, kann die Sitkafichtenlaus Schuld daran sein. Dieser Laus können Sie mit einer Austriebsspritzung begegnen. Dem umtriebigen Tier kommen Sie bereits ab Ende März mit der Klopfprobe auf die Spur, weil die Läuse so früh im Jahr schon sehr aktiv sind: Halten Sie ein weißes DIN-A4-Blatt unter einen Ast im inneren Kronenbereich und klopfen Sie dann auf den Ast. Wiederholen Sie die Klopfprobe an mehreren Stellen. Fallen bei jeder Klopfprobe mehr als fünf grüne Läuse mit auffallend roten Augen aufs Blatt, sollten Sie die Fichte mit einem Austriebsspritzmittel oder Kaliseife tropfnass einsprühen.

Pflanzenporträt: Wurmfarn und Adlerfarn

Sowohl Wurmfarn als auch Adlerfarn bilden trichterförmige, etwa 1 m breite Horste. Die langen, im jungen Zustand aufgerollten, fein gefiederten Blätter des **Wurmfarns** *(Dryopteris filix-mas)* können bis zu 1 m lang werden. Sie bilden einen aufrechten Trichter. Auf den Blattunterseiten sitzen nierenförmige Sporangien, in denen die Sporen zur Vermehrung gebildet werden. Die hellgrünen, zart gefiederten, jedoch derben Blätter des fast 2 m hohen **Adlerfarns** *(Pteridium aquilinum)* sind bogenförmig geneigt. Während der Sporenbildung sind die Blattränder nach unten eingerollt und schützen so die runden Sporangien.

Farne sind Waldbewohner. Sie brauchen einen feuchten, humosen Boden. Adlerfarn und Wurmfarn sind weit verbreitet, man findet sie vor allem auf Waldlichtungen.

Farne im Garten

Der Wurmfarn ist sehr robust und gedeiht im Garten selbst an sonnigen Stellen, solange der Boden ausreichend feucht ist. Er kommt auch an trockenen Schattenplätzen gut zurecht. Der Adlerfarn wuchert sehr stark und sollte nur mit Wurzelsperre in den Garten geholt werden. Er wächst bevorzugt auf feuchten, sauren, humusreichen Böden. Setzen Sie die Farne in Gruppen mit anderen Schattenstauden wie Elfenblumen, Waldgräsern und Waldglockenblumen unter Bäume oder Sträucher. Geben Sie noch etwas Laub- oder Rindenmulch dazu. Farne sind noch sehr urtümliche, wildhafte Pflanzen, die schnell Waldatmosphäre schaffen.

Holunderblattjauche

Aus den etwas streng duftenden Blättern des Schwarzen Holunders wird eine noch übler riechende Jauche gebraut, die Wühlmäuse aus ihren behaglichen, unterirdischen Nestern vertreiben soll. Soll, denn Wühlmäuse haben zwar empfindliche Näschen, lassen sich von üblen Gerüchen aber kaum vertreiben. Sie verschließen einen durch Jauche unbewohnbar gewordenen Gang und legen einfach einen neuen an. Auch Maulwürfe rümpfen nur die Nasen und buddeln an anderen Stellen weiter. Zur Holunderblattjauche gibt es verschiedenste Erfahrungen. Probieren Sie es aus! Setzen Sie die Gänge aber nicht unter Wasser – Entschuldigung Jauche –, sondern gießen Sie nur wenig Flüssigkeit in die bewohnten Gänge.

Zubereiten und verwenden

Den ganzen Sommer über können die Blätter des Schwarzen Holunders zur Herstellung der Jauche geerntet werden.

Die fertige Holunderblattjauche wird unverdünnt in kleinen Portionen in Wühlmausgänge gegossen. Die übel riechende Jauche soll Wühlmäuse und auch Maulwürfe vertreiben.

Für eine schnelle Alternative zerkleinern Sie 2 Handvoll Holunderblätter mit einem Mixer und rühren so viel Steinmehl, zum Beispiel Urgesteinsmehl, darunter, bis eine Paste entsteht. Diese wird dann portionsweise in die Gänge gelegt.

Holunderblattjauche

- 1 kg frische Blätter des Schwarzen Holunders
- 10 l kaltes Wasser

Grundrezept für Jauche: Seite 24

Pflanzenporträt: Schwarzer Holunder

Der **Schwarze Holunder** *(Sambucus nigra)* ist ein strauchartig wachsender Baum, der 4 bis 6 m hoch werden kann. Die Blätter sind aus jeweils fünf bis sieben Teilblättchen zusammengesetzt und stehen gegenständig am Trieb. Die Blattadern sind deutlich ausgeprägt. Zur Blütezeit im Juni und Juli erscheinen schirmförmige Trugdolden mit vielen kleinen sternchenförmigen, weißen Blüten. Diese duften angenehm. Blätter und Triebe des Holunders dagegen riechen eher streng, wenn man sie zwischen den Fingern reibt. Bis Ende August reifen die dunkelvioletten, fast schwarzen Beeren.

Die Blätter des **Roten Holunders** *(Sambucus racemosa),* auch Trauben-Holunder genannt, können leicht mit denen des Schwarzen Holunders verwechselt werden. Die Blüten des Roten Holunders stehen jedoch nicht in schirmförmigen, sondern in eiförmigen Rispen, ähnlich wie bei Flieder. Die reifen Beeren sind rot.

Holunder wächst in Wildstrauchhecken und an Waldrändern, bevorzugt auf trockenen, kalkhaltigen Böden.

Holunder im Garten

Früher gehörte der Schwarze Holunder in jeden Bauerngarten. Er war der Sitz der guten Geister und hielt böse Mächte von Haus und Hof fern. Heute findet er seinen Platz in naturnahen, ungeschnittenen Hecken, die er sich mit anderen Wildobstarten wie Wildrose, Felsenbirne *(Amelanchier)* und Kornelkirsche *(Cornus mas)* teilt. Der Holunder ist auch ein sehr schöner solitär wachsender Großstrauch.

Blüten und Früchte beider Holunderarten können geerntet und verzehrt werden. Aus den Blüten macht man leckere Hollerküchlein oder Sirup. Die reifen Beeren dürfen nicht roh gegessen werden. Man kocht Saft, Kompott oder Marmelade aus ihnen.

Im Einsatz gegen Wühlmäuse

Die Wühlmaus, die unsere Gärten am häufigsten aufsucht, ist die Große Wühlmaus oder Schermaus, zoologisch *Arvicola terrestris.* Sie ist 12 bis 23 cm lang, inklusive Schwanz, der etwa halb so lang wie ihr Körper ist. Die Fellfarbe changiert von Dunkelbraun über Schwarzbraun und Grau bis Graubraun. Die Tiere sind Einzelgänger und haben recht große Reviere, die eine Ausdehnung von 25 m haben können. Im Sommer verhalten sich Wühlmäuse unauffällig, sie nagen an Wurzeln von Gräsern und Wildkräutern. Im Winter jedoch vergreifen sie sich aus Hunger an den Wurzeln von Laub- und Nadelbäumen, besonders gern an jungen Obstbäumen, an Tulpenzwiebeln und an Schwarzwurzeln. Angenagte Jungbäume lassen sich leicht aus dem Boden ziehen. Die paarigen Nagespuren sind eindeutig der Wühlmaus zuzuordnen. Ob sich Wühlmäuse von übel riechenden Flüssigkeiten wie der Holunderblattjauche verjagen lassen, ist bisher nicht eindeutig geklärt.

Was kann man noch tun?

Wühlmausfallen sind probate Mittel, wenn Sie den Wühlmäusen in Ihrem Garten nachstellen wollen oder müssen. Den Jagderfolg können Sie schnell feststellen, wenn Sie die Fallen kontrollieren.

Bevor die Falle jedoch gestellt wird, heißt es, einen benutzten Wühlmausgang zu finden. Die Gänge erkennen Sie an den manchmal wellenförmigen, leicht angehobenen Linien an der Erdoberfläche oder an den flachen Erdhaufen, die oberirdisch neben den unterirdischen Gängen aufgeschüttet werden. Maulwürfe werfen halbkugelige Haufen direkt über dem Gang auf. In verdächtige Stellen wird mit einem dünnen Stock hineingestochen. Gibt die Erde nach, haben Sie einen Gang gefunden. Im nächsten Schritt wird geprüft, ob es sich tatsächlich um einen Wühlmausgang handelt oder ob dort ein Maulwurf lebt. Für die sogenannte **Verwühlprobe** wird der Gang an mehreren Stellen 20 bis 30 cm weit aufgegraben. Vergessen Sie nicht, die Stellen zu markieren!

Ein spätestens am nächsten Tag wieder fest verschlossener Gang zeigt, dass eine Wühlmaus am Werk war. Störungen in ihrem Gangsystem duldet sie gar nicht. Bleibt der Gang dagegen unberührt, wird er von der Wühlmaus nicht mehr benutzt oder er gehört zu einem Maulwurfsbau. Maulwürfe lassen sich Zeit mit den Reparaturarbeiten und schütten den Gang auch nur locker wieder zu.

Maulwürfe stehen unter dem Schutz der Bundesartenschutz-Verordnung. Sie dürfen weder gejagt, verletzt noch getötet werden. Machen Sie deshalb vor dem Stellen einer Falle unbedingt die Verwühlprobe.

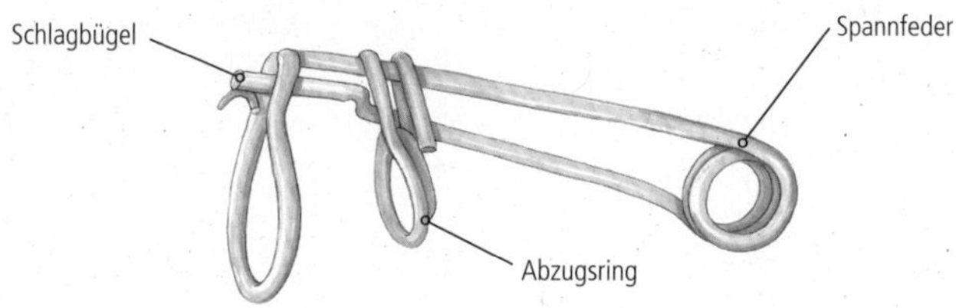

Bayerische Drahtfalle, scharfgestellt: Zum Scharfstellen werden die Stahlarme kräftig zusammengedrückt und festgehalten, während das Auslösebändchen nach vorn geschoben wird, um die gespannten Arme zu fixieren. Vorteil: Der Abzugsring ist zu groß für Maulwurfsgänge, sodass Maulwürfe nicht gefährdet werden. Neben Drahtfallen gibt es weitere Fallentypen, zum Beispiel Kastenfallen oder die relativ neue und sehr effektive Schweizer »Topcat«-Falle. Mit Röhrenfallen fängt man Wühlmäuse lebend. Bitte kontrollieren Sie alle Fallen in sehr kurzen Abständen – möglichst alle zwei Stunden. Das gilt insbesondere für Lebendfallen, in denen die Tiere sehr schnell und qualvoll sterben.

Die Falle wird nach Angaben des Herstellers in einen benutzten Gang gestellt. Je nach Fallentyp können Sie die Falle noch mit einem Köder bestücken, zum Beispiel mit Topinambur, Löwenzahn oder Möhre.

Setzen Sie junge Obstbäume und Tulpenzwiebeln zum Schutz vor den scharfen Nagezähnen in Drahtkörbe. Diese halten die Wühlmäuse fern. Verzichten Sie auf hohe Mulchschichten auf den Beeten, wenn Sie Wühlmäuse haben. Der kuschelige Mulch ist ein ideales Versteck für die Nager.

Kamillenblüten-Kaltwasserauszug

Kamillenblüten enthalten viele ätherische Öle, darunter auch das entzündungshemmende Chamazulen. Ein Kaltwasserauszug aus den Blüten wird als fäulnishemmende Samenbeize eingesetzt. Pilze, die an der Samenschale sitzen, werden dadurch abgetötet und der Keimling wird gestärkt.

Zubereiten und verwenden

Die wirksamen ätherischen Öle der Kamille sind vor allen in den Blüten enthalten. Für den Kaltwasserauszug werden die Blütenköpfchen der Kamille in Vollblüte während des ganzen Sommers gepflückt. Vollblüte ist drei Tage nach dem Aufblühen. Die Blüten können frisch verwendet oder getrocknet werden. Getrocknete Kamillenblüten gibt es auch in der Apotheke oder im Kräuterladen.

Für die Anwendung wird der fertige Extrakt im Verhältnis 1:5 mit Wasser verdünnt. Legen Sie die Samen, die Sie damit behandeln möchten, vor der Aussaat 15 Minuten bis maximal zwei Tage in diesen verdünnten Kamillenblüten-Kaltwasserauszug. Lassen Sie die Samen kurz abtrocknen. Sie werden anschließend sofort gesät und dürfen nach dem Einweichen nicht mehr lange liegen! Denn durch das Samenbad sind die Samen schon in Keimstimmung. Zu langes Trocknen zerstört den Keimling.

Der Kamillenblüten-Kaltwasserauszug ist auch ein hervorragendes Pflanzenstärkungsmittel.

Gießen Sie ihn einmal bis zweimal monatlich in den Wurzelbereich der Pflanzen oder über den Kompost, um dort die Rottevorgänge anzuregen.

Kamillenblüten-Kaltwasserauszug

- 1 Handvoll getrocknete Kamillenblüten
- 2 l kaltes Wasser

24 Stunden einweichen, abseihen, auspressen
Grundrezept für Kaltwasserauszug: Seite 36

Pflanzenporträt: Echte Kamille

Die feinen Blättchen der **Echten Kamille** *(Matricaria chamomilla)* sind doppelt fiederteilig. Die Pflanze wird 15 bis 30 cm hoch. Ihre Blütenkörbchen erscheinen von Mai bis August. Innen sitzen gelbe Röhrenblüten, außen weiße Zungenblüten, die bei älteren Blüten nach unten geschlagen sind. Während der Blüte wölbt sich der Blütenboden nach oben. Die ganze Pflanze duftet kräftig aromatisch.

Die Echte Kamille hat viele Doppelgänger, die jedoch nicht alle dieselben wirksamen Bestandteile haben. Weiße Zungenblüten und gelbe Röhrenblüten haben unter anderem auch die **Römische Kamille,** die **Acker-Hundskamille** und die **Geruchlose Kamille.** Sie lassen sich gut von der Echten Kamille unterscheiden: Schneidet man den Blütenboden der Echten Kamille längs durch, ist er hohl – bei den genannten Doppelgängern sind die Blütenböden gefüllt.

Die Römische Kamille *(Chamaemelum nobile)* duftet leicht nach Äpfeln. Sie wird wie die Echte Kamille in der Heilkunde für Menschen, Pflanzen und Tiere eingesetzt. Acker-Hundskamille *(Anthemis arvensis)* duftet gar nicht, auch nicht, wenn die Blüten zerrieben werden. Die Geruchlose Kamille *(Tripleurospermum inodorum)* duftet nicht nach Kamille, allenfalls schwach aromatisch.

Die Echte Kamille wächst wild in Unkrautbeständen, vor allem auf Getreideäckern und an Wegen. Sie liebt nährstoffreichen, stickstoffreichen Lehmboden, meidet aber kalkreiche Böden.

Kamille im Garten

Säen Sie die einjährige Echte Kamille ab April zum Beispiel an den sonnigen Rand eines Kräuterbeetes. Später werden die Sämlinge vereinzelt. Die Römische Kamille ist mehrjährig. Auch sie mag einen sonnigen Stand.

Weitere Zubereitung

Kamillentee

Kamillentee für die Anwendung im Garten wird nach dem Grundrezept für Tee auf Seite 38 hergestellt. Weichen Sie Pflanzensamen, die Sie damit behandeln möchten, 15 Minuten im unverdünnten, abgekühlten Tee ein, um sie zu beizen. Oder Sie überbrausen oder übersprühen die aufgelaufenen Sämlinge mit dem Tee. Das schützt die jungen Pflanzen vor Umfallkrankheiten.

Im Einsatz gegen Umfallkrankheiten

Umfallkrankheiten werden von verschiedenen Pilzen verursacht, die bereits im Boden sind oder an den Samen haften. Das Bild ist immer ähnlich: Von heute auf morgen liegen die vorher kräftigen Sämlinge am Boden. Ihre dünnen Stängelchen sind schwarz und eingeschnürt. Jede Hilfe kommt zu spät. Die Kamillenblütenbeize tötet einen großen Teil der an den Samen haftenden Pilze ab und stärkt die Sämlinge.

Was kann man noch tun?

Um solche Fehlschläge bei der Aussaat zu vermeiden, sollten die Aussaatgefäße möglichst sauber und keimfrei sein. Dafür werden sie mit einer Mischung aus heißem Wasser und einem guten Schuss Essigessenz ausgewaschen und mit klarem Wasser nachgespült.

Für ein gutes Wachstum sollte die Aussaaterde feucht, aber nicht nass sein. Sonst haben die Pilze leichtes Spiel. Achten Sie bei der Direktsaat ins Beet darauf, dass die Samen zügig keimen können: Ist es noch zu kalt, warten Sie besser mit der Aussaat, weil die Samen dann länger zum Keimen brauchen und anfälliger gegenüber Schaderregern sind. Streuen Sie Gesteinsmehl in die vorbereiteten Saatrillen, das fördert die Entwicklung der Pflanzen und soll auch gegen Bodenpilze helfen.

Für den Hausgebrauch sind keine chemischen Beizmittel zugelassen. Samenbeizend wirken zusätzlich zu Kamillentee und Kamillenblüten-Kaltwasserauszug auch 5-prozentige Algenbrühe (aus Braunalgenextrakt) und ein Ansatz aus Humofix-Pulver.

Knoblauchtee

Knoblauch enthält antibiotisch wirkende Substanzen, darunter das Allicin. Knoblauchtee und andere Zubereitungen mit Knoblauch stärken die Abwehrkräfte der Pflanzen gegenüber Pilzkrankheiten. In wissenschaftlichen Untersuchungen wurde sogar eine pilzbekämpfende Wirkung festgestellt. Mit ihrem beißenden Geruch halten Knoblauchzubereitungen wahrscheinlich auch Fraßfeinde fern. Die enthaltenen Schwefelverbindungen können auch eine abtötende Wirkung auf Erdbeermilben und Brombeergallmilben haben.

Knoblauchextrakte wirken gegen die Sporen der Kraut- und Braunfäule (Phytophthora infestans) an Tomaten und Kartoffeln genauso zuverlässig wie ein synthetisches Fungizid. Das ergaben Laboruntersuchungen an der Agricultural University of Hebei in China. Dabei zerstört der Knoblauchextrakt nicht den Pilz, sondern verhindert dessen Keimung aus Sporen und die Ausbreitung auf andere Pflanzen. Der Extrakt hat aber keinen heilenden Effekt bei bereits kranken Pflanzen. Die beste Wirkung wurde erzielt, wenn die Blätter von Tomate und Kartoffel einen Tag vor oder zur Zeit der Infektion behandelt wurden. Dann erreichte die Unterdrückungsrate 89 bis 100 Prozent. Für den Extrakt weichten die Wissenschaftler 8 g frischen, gehackten Knoblauch in 50 Milliliter Wasser 30 Minuten ein, filtrierten das Ganze anschließend im Vakuum und verdünnten die solchermaßen gewonnene Flüssigkeit in den Stufen 0,5 Prozent, 1 Prozent, 2 Prozent, 4 Prozent und 8 Prozent mit Wasser.

Zubereiten und verwenden

> **Knoblauchtee**
> - 10 g frische Knoblauchzehen, zerkleinert
> - 1 l kochendes Wasser
>
> 5 Stunden ziehen lassen, abseihen
> Grundrezept für Tee: Seite 38

Alle Knoblauch-Mixturen haben eine pflanzenstärkende Wirkung. Sie können das ganze Jahr über aus Knoblauchzehen hergestellt werden, die entweder aus dem eigenen Lager oder aus dem Gemüseladen kommen. Wie Sie Knoblauch im Garten anbauen können, lesen Sie auf Seite 90.

Der fertige Knoblauchtee ist vielseitig einsetzbar: vorbeugend gegen Pilzkrankheiten, abtötend gegen Gallmilben an Obst, zur Geruchsüberdeckung und als Saatbeize. Sprühen Sie den Knoblauchtee nur bei Windstille oder in Hauptwindrichtung. Sonst bekommen nicht nur die Pflanzen, sondern auch Sie den Knoblauchregen ab! Bleibt etwas übrig, gießen Sie damit die anderen Pflanzen.

- Zur Vorbeugung von Pilzkrankheiten wird der Tee unverdünnt auf die Blätter und Triebe von pilzanfälligen Pflanzen (zum Beispiel Rosen, Gurken und Wein) gesprüht. Wiederholen Sie diese Anwendung einmal wöchentlich.
- Gegen Erdbeermilbe und Brombeergallmilbe wird der unverdünnte Tee im zeitigen Frühjahr zur Zeit des Austriebs gespritzt, wenn die Milben aus ihren Winterquartieren auswandern.
- Knoblauchtee ab Mitte Mai und ab August über Möhrenpflanzen gesprüht, überdeckt den Möhrengeruch. Zu diesen Jahreszeiten schlüpfen die Möhrenfliegen, paaren sich und suchen Eiablageplätze an den Möhren. Das Knoblauchparfüm tarnt die Möhren, sodass die Tiere sie nicht finden. Die Möhren bleiben madenfrei. Sicherer und nasenfreundlicher ist ein Gemüseschutznetz.
- Für eine Saatbeize gegen Umfallkrankheiten (siehe Seite 87) werden die Samen 10 bis 15 Minuten im abgekühlten Knoblauchtee eingeweicht. Kurz trocknen lassen und gleich aussäen.

Knoblauchtee fängt nach einigen Tagen an zu gären. Er stinkt dann zwar schrecklich, lässt sich aber immer noch verwenden! Diese beginnende Knoblauchjauche vor der Anwendung bitte leicht verdünnen (1:10).

Pflanzenporträt: Knoblauch

Die langen Blätter des Knoblauchs *(Allium sativum)* sind flach wie bei Lauch, nicht röhrenförmig wie bei Zwiebeln oder Schnittlauch. Die Blätter entspringen einer mehrzehigen Knolle. Die ganze Pflanze riecht leicht nach Knoblauch, doch erst beim Verarbeiten entsteigt der typische Knoblauchduft. Der heute angebaute Knoblauch blüht selten und wenn doch, sind die rosa Blütchen meist steril. Anstelle der Blüten bilden sich kleine Tochterzwiebeln, die sowohl in der Küche als auch in der Gartenapotheke für Pflanzen verwendet oder neu gesteckt werden können.

Knoblauch gehört zu den Pflanzen, die gern zwischen anderen Gemüsearten und Erdbeeren wachsen. Hauptsteckzeit für die Zehen ist September und Oktober. In rauen Regionen wird erst im Frühjahr gesteckt. Die Einzelzehen wachsen zu mehrzehigen Knollen heran, die ab Juli geerntet werden können. Lassen Sie die Knollen dann noch einige Tage trocknen und binden Sie sie anschließend zu Zöpfen. Oder lagern Sie die Knollen lose in Kisten.

Tipp Solange sie noch im Beet sind, dürfen Knoblauchknollen nicht aufbrechen, sonst dringt Feuchtigkeit ein und sie sind nicht lange lagerbar. Der optimale Erntezeitpunkt ist nicht leicht zu erkennen. Die Blätter sollten gerade beginnen zu welken.

Knoblauchextrakt zeigte in wissenschaftlichen Untersuchungen sowohl abschreckende als auch abtötende Wirkung auf Spinnmilben. Bei den Laboruntersuchungen waren Konzentrationen von 12,5 g, 25 g und 50 g Knoblauch pro 1 Liter Wasser tödlich. Die höchste Konzentration (50 g) ist dabei etwa fünfmal so hoch wie bei den gängigen Knoblauchzubereitungen, zum Beispiel dem vorgestellten Knoblauchtee. Für die Untersuchung wurde der Knoblauch gehackt, mit destilliertem Wasser gemischt und nach 15 Minuten durch Filterpapier abfiltriert.

Weitere Zubereitungen

Zwiebel-Knoblauch-Tee

Zwiebel-Knoblauch-Tee stärkt Pflanzen gegenüber Pilzkrankheiten und wehrt Fraßfeinde ab. Man bereitet ihn aus einer Mischung aus insgesamt 75 g gehackten Zwiebeln und Knoblauchzehen in gleichen Anteilen zu. Diese Mischung wird mit 10 Liter kochendem Wasser überbrüht. Lassen Sie den Tee mindestens 5 Stunden ziehen. Dann wird der abgekühlte Tee unverdünnt auf Pflanzen gesprüht und in den Wurzelbereich gegossen.

Knoblauchjauche

Knoblauchjauche wird aus 500 g Knoblauchzehen und 10 Liter Wasser nach der Grundrezeptur für Jauche auf Seite 24 hergestellt und zur Anwendung im Verhältnis 1:10 mit Wasser verdünnt. Die Jauche hat die gleichen Wirkungen wie Knoblauchtee und wird auch genauso angewendet.

Knoblauch-Zwiebel-Jauche

Knoblauch-Zwiebel-Jauche stärkt die Abwehrkräfte der Pflanzen gegenüber Pilzkrankheiten. Sie wird aus einer Mischung aus insgesamt 500 g Zwiebeln und Knoblauch und 10 Liter Wasser nach dem Grundrezept für Jauche auf Seite 24 angesetzt und zur Anwendung mit der zehnfachen Menge Wasser verdünnt.

Tipp Knoblauch kann auch anderen Kräuteransätzen zugegeben werden, indem die zerkleinerten Knoblauchzehen beim Ansetzen des Auszuges dazugemischt werden.

Im Einsatz gegen Echten Mehltau

Der Echte Mehltau ist ein wirtsspezifischer Blattpilz. Je nach Pflanzengattung unterscheidet man zum Beispiel den Echten Mehltau an Gurke (auch an Zucchini und Kürbis), an Wein, an Apfel, an Rosen, an Phlox oder an Stachelbeeren. Die Pilze sind so auf ihren Wirt spezialisiert, dass ein Phlox neben einer mehltaukranken Rose völlig sicher vor Ansteckung ist.

Der Echte Mehltau ist ein Schönwetterpilz. Er breitet sich schnell aus, wenn die Sommertage warm und trocken, die Nächte jedoch taufeucht sind. Die Pilzsporen brauchen – im Gegensatz zu den meisten anderen Pilzen – keine Wassertropfen zum Keimen. Feuchte Luft reicht schon aus. Die Pilzsporen dringen in die obere Blattschicht ein und entziehen den Pflanzen Nährstoffe. Auf der Blattoberseite bilden sich kleine, mehlig weiße, kreisförmige Flecken, die mit der Zeit zusammenfließen. Der Belag ist abwischbar. Die kranken Blätter sterben ab.

Bei typischem Mehltauwetter können Sie mit Knoblauchtee einer Infektion vorbeugen.

Was kann man noch tun?

Es gibt mehltauresistente und mehltautolerante Pflanzensorten. Diese werden durch befallene Blätter nicht in ihrem Wachstum beeinträchtigt beziehungsweise erkranken nur selten (siehe auch Seite 44). Schneiden Sie krankes Laub ab und entfernen Sie stark befallene Pflanzen aus dem Bestand. Die Blätter können kompostiert werden. Sprühen Sie ab dem Austrieb regelmäßig Ackerschachtelhalmbrühe (siehe Seite 55). Diese macht das Blattgewebe fester, sodass der Mehltaupilz die Blätter nicht so leicht besiedeln kann. Bei den ersten Anzeichen einer Erkrankung können Sie mit einem Mittel auf Schwefelbasis gegensteuern. Entfernen Sie alle kranken Blätter, bevor Sie eine Behandlung durchführen. Sammeln Sie mehltaukrankes Falllaub auf, denn von dort startet die Infektion aufs Neue.

Tipp Der optimale Rosenplatz: Beinahe in jedem Garten steht eine Rose, die Jahr für Jahr ihre Blätter an den Echten und Falschen Mehltau, an Sternrußtau oder Rosenrost verliert. Oder sie wird von Zikaden und Blattläuse heimgesucht. Das muss nicht sein. Oft sind Rosen durch einen falsch gewählten Standort geschwächt und so besonders anfällig gegenüber Pilzkrankheiten und Fraßfeinden. Rosen brauchen einen tiefgründigen, humusreichen Boden, ohne Staunässe und Verdichtungen, und eine sonnige Lage ohne Hitzestau. Der Boden-pH-Wert sollte zwischen 6,5 und 7,5 liegen. Pflanzen Sie die Rosen nicht zu dicht, damit die Sträucher gut durchlüftet werden. Dann trocknen auch die Blätter nach einem Regenschauer schnell wieder ab und Pilze finden kein Einfallstor.

Kräuterjauche, gemischt

Gewürzkräuter und Wildkräuter ergeben gemischt eine pflanzenstärkende Jauche. Ihr Düngeeffekt ist nicht so stark wie bei den stickstoffreichen Brennnesseln oder bei Beinwell. Die Kräuter wirken teils pflanzenstärkend, teils abwehrend gegenüber Insekten und können bei der Herstellung jeder anderen Jauche oder Brühe, die in diesem Buch vorgestellt werden, beigemischt werden.

Zubereiten und verwenden

Viele Gewürzkräuter und Wildkräuter im Garten eignen sich für eine gemischte Kräuterjauche. Experimentieren Sie ruhig mit Löwenzahn, Hirtentäschel, Ackerschachtelhalm, Kamille, Pfefferminze, Schnittlauch, Majoran, Salbei und anderen Gewürzkräutern. Selbst Kohlblätter eignen sich für den Ansatz.

Tipp Die Mischkräuterjauche kann verdünnt (im Verhältnis 1:10 bis 1:20) auch als pflanzenstärkender Blattdünger über die Pflanzen gesprüht werden. Sind Salbei, Lavendel und andere stark duftende Kräuter enthalten, wehrt sie auch Insekten ab. Vorher unbedingt abseihen, damit die Pflanzenreste nicht die Spritzdüse verstopfen.

Für die Anwendung wird eine Mischkräuterjauche ohne stickstoffreiche Kräuter (wie Brennnessel, Beinwell, Löwenzahn) unverdünnt mehrmals im Laufe der Saison wie andere Flüssigdünger in den Wurzelbereich der zu düngenden Pflanzen gegossen. Sind Brennnessel, Beinwell oder Löwenzahn in hohem Anteil enthalten, wird die Jauche im Verhältnis 1:5 mit Wasser verdünnt. Wichtig: Düngen Sie bitte nicht zu viel! Haben Sie schon mit Brennnesseljauche oder Beinwelljauche gedüngt, reicht dies aus. Geben Sie die Mischkräuterjauche nicht zusätzlich.

Gemischte Kräuterjauche

- 1 kg frische Kräuter, zerkleinert
- 10 l kaltes Wasser

Grundrezept für Jauche: Seite 24

Weitere Zubereitungen

Unkrautjauche

Jauche aus Unkräutern? Nein, das ist kein Scherz. Alles, was beim Jäten so anfällt, wird in einen Bottich gesteckt und mit Wasser aufgefüllt. Die Pflanzen werden fast vollständig zersetzt. Auf diese Weise gewinnen Sie den Unkräutern noch einen guten Dünger ab! Die Unkrautjauche wird im Verhältnis 1:5 mit Wasser verdünnt und in der Wachstumszeit in den Wurzelbereich stark zehrender Gemüsearten gegossen.

Diese ungewöhnliche Jauche hat ein dickes »Aber« im Gepäck: Denn Samen werden bei der Verjauchung nicht zersetzt! Deshalb gehören Unkräuter, die bereits reife Samen haben, nicht in die Jauche! Sonst verteilen Sie sie erst recht im Garten. Falls sich doch reife Samen in der Jauche befinden und Sie den Aufwand nicht scheuen, können Sie die Jauche vor dem Ausbringen abseihen. Geben Sie das Abgeseihte in diesem Fall nicht auf den Kompost.

Tipp Mit gejätetem Unkraut kann man auch prima mulchen. Ein paar Einschränkungen gibt es auch hier: keine Samenstände, keine Wurzelunkräuter und bitte nur bei sonnigem, trockenem Wetter auslegen, sonst besteht die Gefahr, dass die Unkräuter wieder einwurzeln.

Löwenzahnjauche

Löwenzahnjauche ist ein Rezept für Gärtner mit viel Löwenzahn im Garten! Sie brauchen 1,5 bis 2 kg Blüten und Blätter für 10 Liter Wasser. Löwenzahn enthält viel Stickstoff, wenn auch nicht so viel wie Brennnesseln. Er kann auch ein Hauptbestandteil der Unkrautjauche sein. In der Wachstumsphase gießt man starkzehrende Gemüsearten mit der Löwenzahnjauche im Verhältnis 1:5 mit Wasser verdünnt.

Meerrettichbrühe

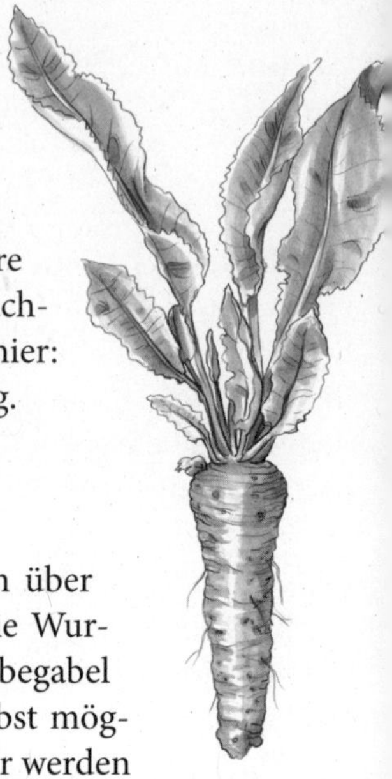

Meerrettichwurzeln enthalten schwefelhaltige Senföle, Kalium und Kieselsäure. Diese Inhaltsstoffe stärken die damit behandelten Pflanzen gegen Monilia-Spitzendürre und andere Pilzkrankheiten. Wie bei Knoblauchtee und Ackerschachtelhalmbrühe gilt auch hier: Nur regelmäßige Anwendungen bringen Erfolg.

Zubereiten und verwenden

Meerrettichblätter können die gesamte Saison über für die Meerrettichbrühe geerntet werden. Die Wurzeln werden erst Ende Oktober mit einer Grabegabel aus dem Boden gehoben. Sie werden im Herbst möglichst in einer Kiste mit Sand eingelagert. Zuvor werden die Blätter abgedreht. Meerrettichwurzeln lassen sich auch gut einfrieren und bei Bedarf auftauen.

Spritzen Sie die fertige Meerrettichbrühe unverdünnt gegen die Monilia-Spitzendürre zur Blütezeit von Kirschen, Pflaumen und Mandelbäumchen auf die Blüten. Die Behandlung wird dreimal hintereinander durchgeführt: kurz vor der Blüte, zur Vollblüte und bei Blütenende.

Meerrettichbrühe

- 300 g frische Meerrettichblätter oder frische Meerrettichwurzeln, zerkleinert
- 10 l kaltes Wasser

24 Stunden einweichen,
20 Minuten leicht köcheln, abseihen
Grundrezept für Brühe: Seite 33

Weitere Zubereitung

Meerrettichtee

Meerrettichtee wird wie die Brühe vorbeugend gegen Pilzkrankheiten auf gefährdete Pflanzen gesprüht. Hierfür werden 300 g zerkleinerte Meerrettichblätter mit 10 Liter kochendem Wasser nach dem Grundrezept für Tee auf Seite 38 überbrüht. Verdünnen Sie den abgekühlten Tee nach dem Abseihen für diese Anwendung im Verhältnis 1:1 bis 1:5 mit Wasser.

Im Einsatz gegen Monilia-Spitzendürre

Der Monilia-Pilz lässt Blütentriebe absterben. Jedes Jahr aufs Neue sind die Verluste bei Kirschen, dort besonders Sauerkirschen, bei Ziermandeln und Aprikosen besonders schmerzhaft. Der Pilz infiziert den Baum bei feuchtkühlem Frühjahrswetter über die Blüten. Er dringt in das Triebholz vor und verstopft dort die Leitungsbahnen. Kranke Triebe trocknen plötzlich zurück und stehen im Frühling charakteristisch mit vertrockneten Blüten da.

Eine weitere Erscheinungsform dieses Pilzes ist die Monilia-Fruchtfäule, die im Sommer bei schon fast reifen Früchten zuschlägt. Über Verletzungen dringt der Pilz in die Früchte ein und verursacht braune Faulstellen, die sich schnell ausweiten und auf denen sich in konzentrischen Ringen weiße Sporenlager bilden. In der Baumkrone breitet sich die Fäule schnell durch Berührungen zwischen gesunden und kranken Früchten aus. Bleiben die kranken Früchte hängen, vertrocknen sie zu Fruchtmumien. Der Pilz überdauert in dürren Trieben und in Fruchtmumien.

Monilia ist nicht wirtsspezifisch und kann zum Beispiel von Kirschen auf Äpfel übertragen werden!

Was kann man noch tun?

Schneiden Sie befallene dürre Zweige sobald wie möglich etwa 20 cm bis ins gesunde Holz zurück. Sammeln Sie kranke Früchte auf und kompostieren Sie diese. Lassen Sie keine Fruchtmumien im Baum hängen.

Auch die Sortenwahl kann die Infektionsgefahr vermindern: Die Sauerkirschen-Sorte 'Schattenmorelle' ist beispielsweise hochanfällig für die Monilia-Spitzendürre, die Sorte 'Morina' dagegen ist weniger anfällig. Schorfresistente Apfelsorten sind widerstandsfähiger, weil die Früchte nicht erkranken und sich keine Schorfrisse bilden, die Eintrittspforten für die Monilia-Fruchtfäule sein können.

Pflanzenporträt: Meerrettich

Der etwa 1 m hohe Meerrettich *(Armoracia rusticana)* bildet einen Busch langer, schmaler Blätter. Im zweiten Standjahr zeigen sich viele kleine weiße Blüten an verzweigten Blütenständen. Blütezeit ist von Mai bis Juni. Meerrettich hat eine fleischige, stangenförmige, innen weiße Hauptwurzel und dünnere Nebenwurzeln, die sogenannten Fechser.

Meerrettich im Garten

Junge Pflanzen oder Fechser werden im Frühjahr im Abstand von 60 cm gesetzt. Erste Wurzeln können bereits im Herbst des gleichen Jahres geerntet werden. Meerrettich braucht humosen, tiefgründigen Boden ohne Staunässe und einen Platz im Halbschatten, aber nicht unter Bäumen. Er kann am Rand einer Staudenrabatte oder Gehölzpflanzung stehen.

Rainfarnbrühe

Rainfarnbrühe tötet Insekten. Der wirksame Bestandteil im Rainfarn *(Tanacetum vulgare)* ist das Pyrethrin, das auch in anderen Tanacetum-Arten enthalten ist. Pyrethrin und sein synthetisches Analogon sind Grundlagen einiger Bio-Insektenbekämpfungsmittel (siehe auch Seite 146). Früher wurde Rainfarn gegen Ungeziefer aller Art, auch im Haus, verwendet.

Der Pyrethrum-Extrakt für die Bio-Insektenbekämpfungsmittel wird aus den Blüten der Dalmatinischen Insektenblume *(Tanacetum cinerariifolium)* und der Persischen Insektenblume *(T. coccineum)* gewonnen. Die Blüten werden getrocknet und gemahlen. Das Pulver wird gestreut oder mit Wasser vermischt gespritzt. Pyrethrum ist ein Kontaktgift, das Insekten lähmt. Es ist breitenwirksam und deshalb für alle Insekten tödlich. Für Menschen, Säugetiere und Vögel ist es nicht schädlich. Seit 1950 gibt es synthetisch hergestellte Pyrethroide, die viel stabiler als der natürliche Ausgangsstoff sind und eine höhere Wirkkraft als Pyrethrine haben.

Zubereiten und verwenden

Von Juni bis September werden die blühenden Rainfarnpflanzen samt Blättern, aber ohne Wurzeln, für die Brühe geerntet. Sie können frisch oder getrocknet verwendet werden.

Geben Sie die Pflanzenreste nach dem Abseihen nicht auf den Kompost. Rainfarn wirkt wachstumshemmend und beeinträchtigt die Verrottung.

Die Rainfarnbrühe wirkt abtötend auf Blattläuse, Wurzelläuse, Käfer, Raupen und andere Schädlinge. Sprühen Sie die Brühe unverdünnt oder mit Wasser bis zum Verhältnis 1:3 verdünnt auf die befallenen Pflanzen. Wiederholen Sie die Behandlung einige Male, etwa im

Rainfarnbrühe

- 300 – 500 g frisches Rainfarnkraut, zerkleinert
  oder 30 g getrocknetes Rainfarnkraut, zerkleinert
- 10 l kaltes Wasser

24 Stunden einweichen,
30 Minuten leicht köcheln, abseihen
Grundrezept für Brühe: Seite 33

Abstand von sieben Tagen, so lange, bis die Tiere weg sind.

Gegen die Brombeergallmilbe wird Rainfarnbrühe während des Laubaustriebes eingesetzt. Dann wandern die Milben gerade aus ihren Überwinterungsverstecken aus und besiedeln die Pflanzen.

Der starke Rainfarngeruch überdeckt auch den Eigengeruch der behandelten Pflanzen. Das funktioniert wunderbar gegenüber Schädlingen, die ihre Wirte über deren Duft aufspüren: zum Beispiel Möhrenfliege, Zwiebelfliege und Kohlfliege sowie Kohlweißling (siehe auch Seite 111). Die Rainfarnbrühe wird zur jeweiligen Flugzeit dieser Tiere gesprüht: gegen die Möhrenfliege im Mai und August, gegen die Zwiebelfliege im Mai und Juli, gegen die Kohlfliege Ende April und im August und gegen den Kohlweißling ab Juli. Einen Haken hat die Parfümierung jedoch: Die Rainfarnbrühe tötet alle Insekten, die guten wie die schädlichen. Decken Sie Ihre Gemüsekulturen deshalb besser mit einem Gemüseschutznetz ab.

Achtung Gift! Das Pyrethrin im Rainfarn ist zwar unschädlich für Menschen. Im Rainfarn gibt es jedoch auch das Nervengift Thujon, das auch im Wermut vorkommt (siehe dazu auch Seite 114). Es schädigt das zentrale Nervensystem. Rainfarnzubereitungen also nicht trinken oder schlucken! Warten Sie drei Tage, bis Sie mit Rainfarnbrühe behandeltes Gemüse und Obst ernten und essen.

Weitere Zubereitungen

Rainfarnjauche

Rainfarnjauche wird wie die Brühe mit 300 bis 500 g frischem oder 30 g getrocknetem Kraut nach dem Grundrezept für Jauche auf Seite 24 angesetzt und wie die Brühe angewendet.

Rainfarntee

Für den Rainfarntee gießen Sie 30 g frisches Kraut mit 1 Liter kochendem Wasser nach dem Grundrezept auf Seite 38 auf. Nach dem Abkühlen wird der Tee unverdünnt oder im Verhältnis 1:3 mit Wasser verdünnt angewendet. Er soll gegen Blattläuse und Wurzelläuse helfen. Gegen letztere wird der Tee gegossen.

Pflanzenporträt: Rainfarn

Der 60 bis 130 cm hohe **Rainfarn** *(Tanacetum vulgare)* erinnert in seinem Aussehen etwas an die Schafgarbe, mit der er auch verwandt ist. Seine goldgelben Blütenkörbchen sitzen am Ende einer Trugdolde. Sie blühen von Juli bis September. Die Stängel sind kantig und kahl. Die Blätter setzen sich aus einzelnen Teilblättchen zusammen, deren Rand gesägt ist. Sie sehen Farnblättern ähnlich, was der Pflanze auch den Namen Rainfarn eingebracht hat. Verwandt mit den Farnen ist sie aber nicht.

Der Rainfarn kann mit dem **Raukenblättrigen Kreuzkraut** *(Senecio erucifolius)* verwechselt werden. Beider Fiederblätter sehen sich zwar ähnlich, anhand der Blüten kann man die beiden jedoch auseinanderhalten: Die Blüten des Kreuzkrauts haben zungenförmige Blütenstrahlen am Rand jedes goldgelben Blütenkörbchens, die beim Rainfarn fehlen. Sie blühen von Juli bis August. Das Kreuzkraut gedeiht auf kalkhaltigen, steinigen Böden, Halbtrockenrasen, an Weg- und Waldrändern und in Gebüschen.

Sie finden den Rainfarn in Wildkrautbeständen an Wegen, Bahndämmen und auf Schuttplätzen, aber auch an Waldrändern, in Gebüschen und auf Kahlschlägen. Er wächst auf nährstoffreichen Lehmböden.

Rainfarn im Garten

Sie können die mehrjährige Staude auch im Garten ansiedeln, entweder in einer wildhaften Pflanzung oder als gelbblühender Begleiter in einem Sommerstaudenbeet.

Rhabarberblattbrühe

Rhabarberblätter haben einen hohen Gehalt an Kalziumoxalat. Dieses Salz der Oxalsäure wird in den Blättern der mit Rhabarberblattbrühe behandelten Pflanzen eingelagert, wahrscheinlich ähnlich wie die Kieselsäure aus dem Ackerschachtelhalm (siehe Seite 55). Die so gefestigten und gestärkten Blätter machen es Schädlingen schwerer, ein Stück abzubeißen oder ihren Saugrüssel hineinzustechen.

Zubereiten und verwenden

Rhabarberblätter fallen im Frühjahr an, wenn Sie Rhabarberstangen fürs Kochen ernten. Dann lohnt es sich, eine Rhabarberblattbrühe anzusetzen. Blätter und Stiele (Stangen) werden nur bis Juni geerntet, um den Wurzelstock nicht zu schwächen. Die Pflanze braucht dann die Kraft, um Reservestoffe fürs kommende Jahr zu sammeln. Geerntete Blätter werden für die Brühe frisch verwendet.

Sprühen Sie die fertige Rhabarberblattbrühe unverdünnt vorbeugend auf blattlausgefährdete Pflanzen. Sie soll beispielsweise stärkend und abwehrend gegen Schwarze Bohnenlaus, Schwarze Kirschblattlaus und Holunderblattlaus helfen. Der Geruch der Brühe soll außerdem den Eigengeruch der Pflanzen überdecken, sodass unter anderem Lauchmotten den Lauch nicht orten können. Behandeln Sie Lauch im Mai, wenn die Lauchmotten zur Eiablage der ersten Generation unterwegs sind.

Rhabarberblattbrühe

- 500 g frische Rhabarberblätter, zerkleinert
- 3 l kaltes Wasser

24 Stunden einweichen,
30 Minuten leicht köcheln, abseihen
Grundrezept für Brühe: Seite 33

Weitere Zubereitung

Rhabarberblattjauche

Rhabarberblattjauche wird mit 500 g frischen Rhabarberblättern und 3 Liter Wasser nach dem Grundrezept für Jauche auf Seite 24 angesetzt. Sie wird zur Anwendung im Verhältnis 1:5 bis 1:10 mit Wasser verdünnt und soll abwehrend und stärkend gegen Läuse, Raupen und andere Larven helfen. Sprühen Sie sie unbedingt vorbeugend! Denn wenn Blattlaus und Co. sich schon angesiedelt haben, hilft der Rhababeransatz nicht mehr.

Pflanzenporträt: Rhabarber

Die großen, drei- bis mehrlappigen Blätter des Rhabarbers *(Rheum rhabarbarum)* sitzen an fleischig dicken, bis zu 60 cm langen Stielen, die als »Rhabarberstangen« geerntet werden. Ab Ende Mai wachsen imposante, bis zu 2 m hohe Blütenstände empor. Die cremeweißen Blütchen selbst sind unscheinbar und stehen in Rispen. Im August sterben die Blätter ab und die Staude zieht sich in den Boden zurück. Im Frühjahr treibt sie wieder aus dem Wurzelstock aus.

Rhabarber im Garten

Rhabarber hat in den meisten Gärten seinen festen Platz im Gemüsegarten. Der Boden sollte nährstoffreich und feucht, aber nicht staunass sein. Gepflanzt wird im Herbst oder Frühjahr. In den ersten beiden Jahren nach der Pflanzung werden nur wenige Stangen geerntet. Das schont den Rhabarber und er kann kräftig und stark werden. Im Frühjahr oder Herbst können zu groß gewordene Stauden geteilt und neu gepflanzt werden.

Die großen Rhabarberblätter sind auch gutes Mulchmaterial im Gemüsegarten oder unter Beerenobststämmchen. Vorsicht bei Schnecken! Diese verstecken sich gern unter dem Blattmulch.

Salbeitee und Co.

In Heilkräutern und Gewürzkräutern stecken viele ätherische Öle und Gerbstoffe, die teils antibiotisch, teils abwehrend wirken. Kräutertees können auch Pflanzen stärken. Deshalb sind Kräuter wichtige Bestandteile für gemischte Brühen und Jauchen. An anderen Stellen im Buch werden Baldrian (siehe Seite 62), Kamille (siehe Seite 86) und Wermut (siehe Seite 114) vorgestellt. Hier folgen nun typische Gartenkräuter.

Zubereiten und verwenden

Für einen Kräutertee aus frischen Blättern können Sie die Blätter der gewählten Pflanze die gesamte Saison über ernten. Möchten Sie die Kräuter trocknen, warten Sie ab, bis der Gehalt an ätherischen Ölen seinen jeweiligen Höhepunkt erreicht hat. Bei Salbei, Thymian und Pfefferminze ist das kurz vor der Blüte, bei Lavendel dagegen während der Blüte der Fall. Ringelblumenblüten ernten Sie, wenn sie voll aufgeblüht sind. Getrocknete Kräuter gibt es auch in der Apotheke und im Kräuterladen. Lassen Sie die Tees immer abgedeckt ziehen, damit sich die ätherischen Öle nicht verflüchtigen.

Kräutertee

- 100 g frische Kräuter, zerkleinert oder 10 – 20 g getrocknete Kräuter, zerkleinert
- 1 l kochendes Wasser

15 – 20 Minuten ziehen lassen, abseihen
Grundrezept für Tee: Seite 38

Sprühen Sie den abgekühlten Tee unverdünnt auf die Pflanzen, um Pilzkrankheiten vorzubeugen, Schädlinge zu vertreiben oder die Pflanzen zu stärken.

Salbeitee

Salbei *(Salvia officinalis)* ist ein wichtiger Bestandteil von Mischkräuterjauchen und -brühen. Er hat eine schädlingsabwehrende Wirkung. Verwenden Sie Blätter, Triebe und Blüten. Vor der Blüte ist der Wirkstoffgehalt am höchsten. Gießen Sie Jungpflanzen mit dem stärkenden Tee.

> **Tipp** Salbeitee soll auch Eulenfalter abwehren und an der Eiablage hindern. Die Nachkommen der Eulenfalter sind die sogenannten Erdraupen, die teils gesellig an Blättern verschiedener Pflanzen fressen. Tagsüber verstecken sie sich im Boden, ganz in der Nähe der Pflanzen. Für die Erdraupen ist typisch, dass sie sich bei Gefahr einrollen. Der Salbeitee wird gegen die erwachsenen Falter (nicht gegen die Erdraupen) auf die Blätter gesprüht.

Ein alkoholischer Salbeiextrakt reduziert das Wachstum von Grauschimmelfäule, Kraut- und Braunfäule und Echtem Mehltau an Wein um 80 Prozent und das selbst bei starkem Infektionsdruck. Dies konnte in Freilanduntersuchungen nachgewiesen werden. Die Wirksamkeit des Extrakts gegen diese drei Schadpilze war mit der von synthetischen Fungiziden vergleichbar.

Thymiantee

Echter Thymian *(Thymus vulgaris)* und Sand-Thymian *(T. serpyllum)* haben eine ähnliche schädlingsabwehrende Wirkung wie Salbei. Thymiantee vergrämt auch Ameisen, die auf ihren Ameisenstraßen »unerlaubterweise« bis ins Haus marschieren. Gießen oder sprühen Sie den Tee auf die Ameisenstraßen.

Lavendeltee

In Blüten und Blättern von Echtem Lavendel *(Lavandula angustifolia)* sind ätherische Öle enthalten, die abwehrend auf Insekten wirken. Lavendeltee kann beispielsweise auf blattlausgefährdete Pflanzen gesprüht werden.

In Laboruntersuchungen hemmte ein alkoholischer Extrakt aus Lavendelblättern das Wachstum und die Sporenkeimung der Fusarium-Fäule an Gurken *(Fusarium oxysporum f.sp cumini)*.

Pfefferminztee

Pfefferminze *(Mentha × piperita)* hemmt die Keimung von Pilzsporen auf Blättern und hat zudem eine wachstumshemmende Wirkung auf Pilzhyphen. Vor der Blüte ist der Wirkstoffgehalt der Pflanze am höchsten. Pfefferminztee oder Pfefferminzextrakt (siehe Grundrezept für Extrakt auf Seite 40) einmal wöchentlich vorbeugend über pilzanfällige Pflanzen sprühen.

Ringelblumenjauche

Kein Tee, sondern eine Jauche: In der Ringelblume *(Calendula officinalis)* sind ebenfalls Wirkstoffe enthalten, die die Keimung und das Wachstum von Pilzen stoppen können. Ringelblumenjauche ist pflanzenstärkend und gesundheitsfördernd.

Die fertige Jauche wird für die Anwendung im Verhältnis 1:10 bis 1:20 mit Wasser verdünnt und in den Wurzelbereich gegossen.

Ringelblumenjauche

- 1 kg frische Blätter, Blüten und Triebe (ohne Samen) von Ringelblumen
- 10 l kaltes Wasser

Grundrezept für Jauche: Seite 24

Salbei und Co. im Garten

Salbei, Thymian und Lavendel

Die drei Mittelmeerkräuter Salbei, Thymian und Lavendel lieben einen sonnigen, warmen Standort und durchlässigen Boden. Diese Bedingungen bietet beispielsweise ein Steingarten oder die Spitze einer Kräuterspirale. Salbei, Thymian und Lavendel sind zwar frosthart, für einen Winterschutz aus Reisig aber auf alle Fälle dankbar. Gedüngt wird nur zurückhaltend: Eine Kompostgabe im Frühjahr reicht aus.

Pfefferminze

Anders als die Mittelmeerkräuter bevorzugen Minzen einen feuchten, lehmig humosen Boden und lichten Schatten. Auf der Kräuterspirale werden sie an den schattigen Grund mit Wasserstelle gepflanzt. Düngen Sie reichlich mit Kompost.

Vorsicht: Minzen wuchern! Mit ihren Wurzelausläufern wandern sie im Beet herum und bedrängen andere Pflanzen. Setzen Sie der Minze Grenzen, zum Beispiel indem Sie sie in einen Mörtelkübel setzen.

Ringelblume

Ringelblumen sind einjährig. Sie werden jedes Jahr ab April an Ort und Stelle ausgesät. Dort, wo es ihnen gefällt, kommen sie von allein wieder. Die liebenswerten orangefarbenen Blütenköpfe sind schöne Farbkleckse zwischen Gemüsepflanzen, im Kräuterbeet oder in der Rabatte.

Schafgarbe-Kaltwasserauszug

Die ätherischen Öle der Schafgarbe, unter anderem das Proazulenen, wirken keimhemmend. Sie kommen vor allem in den Blüten in hoher Konzentration vor und ähneln in ihrer Wirkung den Wirkstoffen der Kamillenblüte (siehe Seite 85). Schafgarben haben zudem hohe Gehalte an Kieselsäure und Kalium. Der Schafgarbe-Kaltwasserauszug ist pflanzenstärkend und pilzhemmend. Er soll vorbeugend gegen Schadpilze wie den Echten Mehltau (siehe Seite 92), die Kräuselkrankheit am Pfirsich und Monilia (siehe Seite 97) helfen.

Zubereiten und verwenden

Ernten Sie die Blütenstände der Schafgarbe für den Kaltwasserauszug von Mai bis Oktober. Sie werden frisch oder getrocknet verwendet. Da die Schafgarbe als Heilpflanze bei Magen-Darm-Beschwerden verwendet wird, gibt es die getrockneten Triebspitzen mit Blüten und die getrockneten Blüten auch in Apotheken oder Kräuterläden.

Zur Anwendung wird der fertige Kaltwasserauszug im Verhältnis 1:10 mit Wasser verdünnt und regelmäßig auf pilzgefährdete Pflanzen gesprüht. Bei Monilia-Spitzendürre beispielsweise dreimal hintereinander: zu Beginn der Blüte, zur Hauptblüte und zum Blütenende. Gegen die Kräuselkrankheit am Pfirsich kann man nur zu Beginn des Knospenschwellens im Vorfrühling vorbeugend sprühen.

Schafgarbe-Kaltwasserauszug

- 100 g frisches Schafgarbekraut, zerkleinert oder 20 g getrocknetes Schafgarbekraut, zerkleinert
- 1 l kaltes Wasser

24 Stunden einweichen, abseihen, auspressen
Grundrezept für Kaltwasserauszug: Seite 36

Pflanzenporträt: Schafgarbe

Die bis zu 80 cm hohe Schafgarbe *(Achillea millefolium)* hat schmale, fein gefiederte Blätter, die aus bis zu 50 filigranen Einzelblättchen bestehen. Die kleinen weißen bis rosafarbenen Blütenköpfchen sind in flachen, schirmartigen Dolden zusammengefasst. Sie blühen von Mai bis Oktober. Die ganze Pflanze duftet aromatisch.

Schafgarben wachsen am Straßenrand, an Bahndämmen, auf Brachland und auf Wiesen. Man findet sie meist auf stickstoffreichen Flächen.

Schafgarbe im Garten

Geben Sie der Schafgarbe einen vollsonnigen Platz mit durchlässigem Boden. Ihre Blüten locken nützliche Insekten wie Schwebfliegen an. Die Pflanzen können durch Teilung und Aussaat vermehrt werden. Ob die züchterisch bearbeiteten Staudensorten die gleichen wirksamen Bestandteile wie die Wildform enthalten, ist bisher nicht untersucht.

Tomatenblatt-Kaltwasserauszug

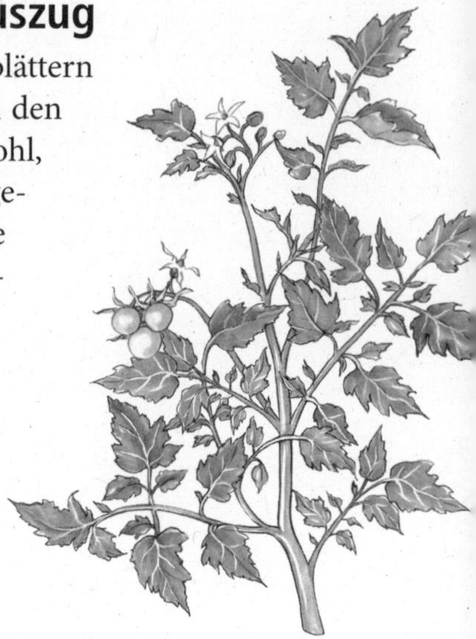

Der intensive Geruch von Tomatenblättern soll die weiblichen Kohlweißlinge von den Kohlpflanzen ablenken, sodass Weißkohl, Wirsing und Co. nicht zum Eiablageplatz und zur Kinderstube werden. Die Kombination Kohl-Tomate zur Verwirrung von Kohlweißlingen ist auch in der Mischkultur bekannt.

Kohlweißlinge lassen sich bei der Eiablage vor allem vom Duft lenken. Sie suchen gezielt Kohlgewächse, die sie vermutlich an einer schwachen Duftspur erkennen können. Mit dazwischen gepflanzten Tomaten oder dem Tomatenblattauszug wird die Kohlspur von einer aus Sicht der Kohlweißlinge uninteressanten Tomatenspur überdeckt. So fliegen sie am Kohl vorbei.

Zubereiten und verwenden

Wenn Sie viele Tomaten im Garten anbauen, fallen im Laufe des Sommers genügend Geiztriebe und Tomatenblätter an: Bei einer der wichtigsten Hygienemaßnahmen im Tomatenbestand werden die untersten Blätter ausgeputzt. Das verhindert, dass Wassertropfen beim Gießen auf die Blätter spritzen und so die Kraut- und Braunfäule im Bestand verteilen. Verwenden Sie für den Kaltwasserauszug nur gesunde Blätter!

Tomatenblatt-Kaltwasserauszug

- 2 Handvoll frische Tomatenblätter und Tomaten-Geiztriebe, zerkleinert
- 2 – 3 l kaltes Wasser

3 Stunden einweichen, abseihen, auspressen
Grundrezept für Kaltwasserauszug: Seite 36

Der fertige Kaltwasserauszug wird während der Flugzeit des Kohlweißlings ab Juli alle zwei Tage unverdünnt über die Kohlpflanzen gebraust. Der Ablenkguss hilft nur gegen die Kohlweißlingsweibchen, nicht gegen die Räupchen!

Tipp Legen Sie nach der Aussaat oder nach dem Pflanzen des Kohlgemüses Gemüseschutznetze über die Beete. Diese verhindern zuverlässig, dass Kohlweißlinge ihre Eier auf den Blättern ablegen, auch wenn mal kein Tomatenblatt-Kaltwasserauszug hergestellt werden kann. Die Schutznetze helfen auch gegen andere Plagegeister wie Möhren-, Zwiebel- und Kohlfliege, Lauchmotte und Kohleule.

Im Einsatz gegen den Kohlweißling

Sowohl der Große als auch der Kleine Kohlweißling tummeln sich im Garten und auf den Kohlfeldern. Die Schmetterlinge fallen durch ihren taumelnden, spielerisch anmutenden Flug und die weißen Flügel mit den schwarzen Spitzen auf.

Der Große Kohlweißling *(Pieris brassicae)* ist häufiger zu sehen. Er hat zusätzlich zu den schwarzen Spitzen auch noch zwei schwarze Flecken auf den Vorderflügeln. Die erwachsenen Falter ernähren sich von Nektar. Ein Weibchen kann verteilt auf mehrere Eiablageplätze bis zu 300 gelbliche, kegelförmige Eier auf die Blattunterseiten von Kohlgemüse und dessen wilden Verwandten ablegen. Die erste Generation Raupen im Mai und Juni lebt nur an kreuzblütigen Wildkräutern wie Hirtentäschel und Senf. Erst die zweite Generation, die ab Juli erscheint, kann großen Schaden an Kohl anrichten. Die geselligen gelbgrünen Raupen mit seitlichen schwarzen Punkten nagen nach dem Schlupf zunächst nur zögerlich an den Kohlblättern, um dann, etwas größer geworden, größere Blattmengen zu verspeisen. Übrig bleiben nur die kahlen, dicken Blattadern. Während ihrer Entwicklung wachsen die Raupen von 2 mm auf 4 cm Größe an! Die Kohlweißlingsraupen sind wählerisch bei ihrem Verpuppungsort. Sie legen oft lange Strecken zurück, bis sie sich an Zaunpfählen, Mauern oder Hauswänden verpuppen und dort überwintern.

Der Kleine Kohlweißling *(Pieris rapae)* ist kleiner als der Große Kohlweißling. Seine Flügelspitzen sind nur schwach schwarz überhaucht. Ab Mai legt er seine gelben Eier an Kohl und Raps ab. Die Raupen sind hellgrün und haben gelbliche Streifen. Sie sind Einzelgänger, das heißt, sie fressen nicht gesellig in Gruppen wie die Raupen des Großen Kohlweißlings. Der größte Schaden entsteht dadurch, dass sich die Raupen in die Kohlköpfe einbohren. Wie auch beim Großen Kohlweißling gibt es zwei Generationen im Jahr.

Was kann man noch tun?

Gehen Sie ab Ende Juni, Anfang Juli regelmäßig durchs Kohlbeet und schauen Sie nach den gelben, kegelförmigen Eiern oder den geselligen grüngelbschwarzen Räupchen und zerdrücken Sie diese oder sammeln Sie sie ab.

Tipp Beziehen Sie in Ihre Kontrolle auch die Kapuzinerkresse mit ein. Obwohl sie kein Kreuzblütengewächs ist, scheinen die Kohlweißlinge die Kapuzinerkresse als Eiablageplatz zu mögen.

Gemüseschutznetze verhindern den Zuflug der Kohlweißlingsweibchen und damit auch die Eiablage. Die Netze werden gleich nach dem Pflanzen über die Beete gelegt und an den Seiten gut festgesteckt. Gegen die jungen Räupchen können auch Mittel auf Basis von *Bacillus thuringiensis* eingesetzt werden. Dieses Bakterium ist auf Schmetterlingslarven spezialisiert. Die Raupen nehmen es über die Nahrung auf. Im Darm setzen die Bakterien Giftstoffe frei, die die Darmzellen der Raupen schädigen. Äußerlich ist die Vergiftung daran zu erkennen, dass die Raupen schlaff wirken und sich kaum mehr bewegen. Junge Raupen sind wesentlich empfindlicher als ausgewachsene Raupen.

Pflanzenporträt: Tomate

Je nach Sorte sind die Tomatenpflanzen *(Lycopersicon esculentum)* 40 bis 60 cm klein, wie die kompakten Balkontomaten und Buschtomaten, oder mehr als 2 m hoch, wie die Stabtomaten. Blätter und Stängel sind weich behaart und duften intensiv tomatig. Ab Juni erscheinen die kleinen gelben Blüten, aus denen sich die süß-aromatischen Früchte entwickeln. Die Sortenvielfalt ist groß: klein und groß, gelb, rot oder violett, rund, länglich oder tropfenförmig.

Tomaten im Garten

Tomaten werden ab Februar auf der Fensterbank ausgesät. Ab April können sie ins Kleingewächshaus umziehen. Erst Mitte Mai, nach den Eisheiligen, werden die frostempfindlichen Pflanzen ins Freie gepflanzt. Geben Sie den Tomatenpflanzen eine gute Startdüngung, zum Beispiel Kompost, Hornmehl oder einen speziellen Tomatendünger. Geiztriebe werden regelmäßig entfernt, außer bei Balkontomaten und Buschtomaten. Sobald sich die ersten Blüten bilden, ist ein Düngernachschub fällig. Bis August werden die Tomaten nun regelmäßig gedüngt, unter anderem mit Beinwelljauche (siehe Seite 63). Wässern Sie die Pflanzen an trockenen Tagen, sonst platzen die Früchte oder die Blütenendfäule schlägt zu. Die Blütenendfäule tritt auf, wenn die Tomaten ungleichmäßig gewässert werden, sie mal trocken, mal feucht stehen. Vom Blütenansatz her breitet sich ein dunkler, brauner, meist glasiger Fleck aus.

Tipp Gießen Sie nur in den Wurzelbereich der Pflanze, nicht über die Blätter. Und geben Sie Ihren Tomaten ein Dach über dem Kopf. Das hält Sommerregenschauer ab und die Tomatenblätter bleiben weitgehend trocken. Beides beugt der Kraut- und Braunfäule vor.

Wermutjauche

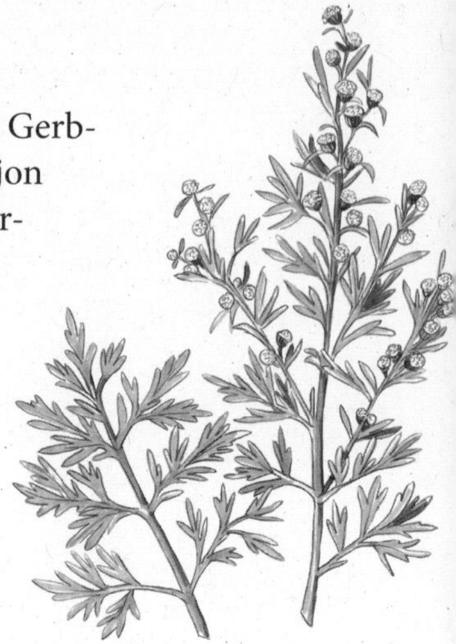

Wermutblätter enthalten ätherische Öle, Gerb- und Bitterstoffe, unter anderem das Thujon mit insektiziden Eigenschaften. Der Wermut vertreibt Insekten jedoch eher durch seinen Duft, als dass er sie tötet. Er soll ebenfalls eine Wirkung gegen Pilzerkrankungen haben. Außerdem wird ihm nachgesagt, dass er den Johannisbeersäulenrost abwehrt.

In der Antike wurden Sträuße mit der wermutverwandten Eberraute *(Artemisia abrotanum)* getragen oder in den Wohnräumen aufgestellt, um Insekten zu vertreiben.

Achtung Gift: Das Thujon im Wermut ist giftig! Bei Überdosierung wirkt es schädigend auf das zentrale Nervensystem des Menschen. Wenden Sie Wermutmixturen deshalb mit Vorsicht an und schlucken oder trinken Sie sie nicht!

Zubereiten und verwenden

Blätter und Triebe des Wermuts können für die Wermutjauche den ganzen Sommer über frisch geerntet werden. Zum Trocknen schneidet man den Wermut kurz vor oder während der Blüte. Dann hat er seinen höchsten Wirkstoffgehalt. Wermut ist auch in getrockneter Form in Kräuterläden oder als Pulver zum Ansetzen von Jauchen, Brühen und Tees im Gartenfachhandel erhältlich.

Die Wermutjauche wird im Frühjahr unverdünnt gegen die ersten Blattläuse gesprüht und vorbeugend gegen den Säulenrost der Schwarzen

Wermutjauche

- 300 g frisches Wermutkraut, zerkleinert
  oder 30 g getrocknetes Wermutkraut, zerkleinert
- 10 l kaltes Wasser

Grundrezept für Jauche: Seite 24

Johannisbeere auf die Sträucher gesprüht oder in den Wurzelbereich gegossen. Im Sommer vertreibt die Jauche Ameisen, wenn sie auf Ameisenstraßen gegossen wird. Zudem wirkt ihr Geruch zur Flugzeit abschreckend auf Kohlweißling, Apfelwickler und Gemüsefliegen. Die jeweiligen Einsatzzeiträume finden Sie auf Seite 99 bei der Rainfarnbrühe.

Tipp In Apfelbaum, Kirschbaum und anderen Obstbäumen halten sich Ameisen manchmal Blattläuse als »Weidetiere«: Die Ameisen melken den Honigtau der Läuse und schützen sie vor Feinden. Binden Sie ein Bündel Wermut um den Obstbaumstamm, um die Ameisenstraße den Baum hinauf zu unterbrechen.

Weitere Zubereitungen

Wermutbrühe

Die Wermutbrühe wird wie die Wermutjauche eingesetzt. Sie wird aus 300 g frischem oder 30 g getrocknetem Kraut und 10 Liter Wasser nach dem Grundrezept für Brühe auf Seite 33 hergestellt. Mit der doppelten Menge Wasser verdünnt, wird sie im Frühjahr und Herbst gegen die Brombeergallmilben gespritzt.

Wermuttee

Wermuttee wird aus 50 g frischem oder 5 g getrocknetem Kraut und 1 Liter Wasser nach dem Grundrezept für Tee auf Seite 38 zubereitet. In dreifacher Verdünnung sprüht man ihn im Frühjahr gegen Blattläuse. Ab Juli unverdünnt über Kohlpflanzen gesprüht, verwirrt der Geruch Kohlweißlingsweibchen so sehr, dass sie den Kohl nicht finden können – und auch ihre Eier nicht auf dessen Blättern ablegen (siehe auch Seite 111).

Pflanzenporträt: Wermut

Die grauen, stark geteilten Blätter des **Wermuts** *(Artemisia absinthium)* sind flaumig weich und duften stark. Sie haben einen bitteren Geschmack. Ab Juli bilden sich an den Triebspitzen unscheinbare gelbe Blütenköpfchen, die in Trauben angeordnet sind. Blühend ist die mehrjährige Staude bis zu 1 m hoch.

Der nahe verwandte **Beifuß** *(Artemisia vulgaris)* ist blattoberseits grün, blattunterseits weiß filzig. Die gesamte Pflanze duftet aromatisch, enthält aber nur wenig des im Wermut vorhandenen Thujons. Das **Beifußblättrige Traubenkraut,** auch bekannt als Ambrosie *(Ambrosia artemisiifolia)*, sieht ohne Blüten dem Beifuß ähnlich, ist jedoch blattunterseits grün. In den letzten Jahren hat sich die Ambrosie, die ursprünglich aus Nordamerika stammt, in Deutschland stark ausgebreitet. Die Pollen sind hochallergen und können Asthma auslösen. Da die Blätter jedoch auf Ober- und Unterseiten grün sind, besteht keine Verwechslungsgefahr mit dem Wermut.

Wermut wächst bevorzugt auf steinigen, trockenen Böden, vor allem in Wildkrautbeständen, an Wegrändern, an Bahndämmen, auf Schuttplätzen, an Waldrändern und in Gebüschen.

Wermut im Garten

Geben Sie dem Wermut einen sonnigen, warmen Platz auf einem sandigen, durchlässigen Boden. Der Wermut scheidet über seine Wurzeln Stoffe aus, die andere Pflanzen in seiner Nähe vertreiben. Eine Ausnahme scheint die Schwarze Johannisbeere zu sein: Sie hält es neben dem Einzelgänger aus, und als Gegenleistung schützt der Wermut sie vor dem Johannisbeer-Säulenrost.

Im Einsatz gegen den Johannisbeer-Säulenrost

Man sagt den Wermutpflanzen nach, dass sie in der Nähe von Schwarzen Johannisbeeren diese vor dem Johannisbeer-Säulenrost schützen. Ähnlich sollen Wermutzubereitungen wirken, die auf die Johannisbeersträucher gesprüht werden. Warum das so sein könnte, ist noch nicht geklärt.

Der Johannisbeer-Säulenrost *(Cronartium ribicola)* ist ein wirtswechselnder Pilz: Im Sommer infiziert er Johannisbeeren, hier vor allem Schwarze Johannisbeeren, und Stachelbeeren. Im Herbst wechselt er auf fünfnadelige Kiefern wie die Weymouths-Kiefer *(Pinus strobus)* und die Westliche Weymouths-Kiefer *(Pinus monticola)*.

Was ist eine fünfnadelige Kiefer? Dazu ist ein kleiner Ausflug in den Habitus der Kiefern nötig. Keine Sorge, es sind nur wenige Sätze. Bei Kiefern unterscheidet man Langtriebe und Kurztriebe. Die Nadeln an den Langtrieben sind zu Schuppen zurückgebildet, in denen Kurztriebe stehen. Die Kurztriebe bestehen je nach Art aus zwei, drei oder fünf Nadeln. Zwei Nadeln haben zum Beispiel die Gemeine Kiefer *(Pinus sylvestris)*, die Schwarz-Kiefer *(P. nigra)* und die Berg-Kiefer *(P. mugo)*. Dreinadelig ist in unseren Breiten nur die aus Nordamerika stammende Gelb-Kiefer *(P. ponderosa)*. Fünf Nadeln haben außer den oben genannten unter anderem auch die Mädchen-Kiefer *(P. parviflora)* mit langen, weichen Nadeln und die Zirbel-Kiefer *(P. cembra)*. Gehen Sie beim nächsten Spaziergang mal näher an eine Kiefer heran und zählen Sie die Nadeln in den Kurztrieben!

An den Kiefern ist der Pilz unter dem Namen Weymouths-Kiefernblasenrost bekannt. Bei einem Befall schwellen im Herbst und Winter die Zweige an den Kiefern spindelförmig an. Es kommt zu einem verstärkten Harzfluss. Im Frühjahr brechen an den Trieben gelblich weiße Polster auf, in denen die Pilzsporen stecken. Die Sporen werden mit dem Wind auf die Schwarzen Johannisbeeren getragen. Auf den Oberseiten der Johannisbeerblätter zeigen sich im Mai und Juni gelbliche Flecken. Auf den Blattunterseiten bilden sich gelbe »Rostflecken«, die Sporenlager. Diese Sporen sorgen dafür, dass sich der Pilz im Sommer auf andere Blätter ausbreitet. Bei starkem Befall sind die Blätter so stark geschädigt, dass sie vorzeitig abfallen. Im Spätsommer entsteht auf den

Blattunterseiten eine neue Form Sporenlager. Diese sind orangebraun und sehen etwas filzig aus. Unter der Lupe erkennt man deutlich erhabene, 1 bis 1,5 mm hohe Säulchen. Die Sporen, die in diesen Säulchen gebildet werden, infizieren im Herbst erneut die Kiefern. Damit ist der Kreis geschlossen.

Von Obst auf Nadelgehölze? Das kommt Ihnen bekannt vor? Es gibt noch zwei weitere Pilze, die auf ähnliche Weise zwischen Laubgehölzen und Nadelgehölzen hin und her wandern. Dabei ist immer das Nadelgehölz der Leidtragende, da es auf Dauer krank bleibt. Der Birnengitterrost wechselt zwischen Birnenblättern und Sadebaum *(Juniperus sabinae)* und anderen asiatischen Wacholdern. Der Weißdorngitterrost »besucht« im Sommer Weißdorn und Rotdorn *(Crataegus)* und im Winter nimmt er sein Quartier auf dem Gemeinen Wacholder *(Juniperus communis)*. Während die Laubgehölze jedes Frühjahr aufs Neue infiziert werden müssen, wächst der Pilz in den Nadelgehölzen in Richtung Stamm und überdauert im Holz. Eine Heilung ist nicht möglich. Im Ernstfall sollten Sie über die Rodung kranker Koniferen nachdenken.

Was kann man noch tun?

Schaffen Sie räumlichen Abstand zwischen den fünfnadeligen Kiefern und den Johannisbeeren. Die Sporen können ziemlich weit fliegen, mehrere hundert Meter weit. Immer ist die räumliche Trennung jedoch nicht möglich. Pflanzen Sie dann weniger anfällige Sorten der Schwarzen Johannisbeere wie 'Titania', 'Ometa', 'Goliath' und 'Silvergieters'. Kontrollieren Sie die Kiefern in der näheren Umgebung und schneiden Sie die spindelförmig angeschwollenen Triebe großzügig heraus. Entfernen Sie auch das kranke Falllaub der Johannisbeeren, denn Untersuchungen in den 1970er-Jahren nähren den Verdacht, dass der Pilz auch auf den Johannisbeerblättern überdauern kann. Von dort aus können die Johannisbeeren erneut infiziert werden, ohne Umweg über die Kiefern.

Zwiebeljauche

Die Zwiebel ist wie ihr naher Verwandter, der Knoblauch (siehe Seite 88), reich an schwefelhaltigen, ätherischen Ölen. Eine aus den Zwiebelknollen oder den Zwiebelschalen hergestellte Jauche oder Brühe wirkt pflanzenstärkend und beugt Pilzerkrankungen vor.

Zubereiten und verwenden

Nehmen Sie für die Zwiebeljauche ganze Zwiebeln aus dem eigenen Anbau oder vom Markt. Fallen Zwiebelschalen und Zwiebelreste beim Putzen an, können Sie daraus eine Zwiebelschalenjauche herstellen. Oder Sie fügen die Zwiebelreste einer anderen Jauche oder Brühe hinzu.

Zur Anwendung verdünnen Sie die Zwiebeljauche im Verhältnis 1:10 mit Wasser. Im Frühjahr wird sie vorbeugend einmal wöchentlich in den Wurzelbereich pilzanfälliger Pflanzen gegossen. Sie kann auch über die Blätter und Triebe gesprüht werden. Im Mai und August überdeckt die Jauche den Eigengeruch der Möhrenpflanzen, wenn sie über das Möhrenlaub gesprüht wird. Das soll die Möhrenfliege fernhalten. Zuverlässiger wirkt in diesem Fall ein Gemüseschutznetz, das nach der Aussaat über das Beet gelegt wird.

Zwiebeljauche

- 500 g frische Zwiebeln, zerkleinert
- 10 l kaltes Wasser

Grundrezept für Jauche: Seite 24

Weitere Zubereitungen

Zwiebelschalenjauche

Eine Variante der Zwiebeljauche ist die Zubereitung der Zwiebelschalenjauche aus 20 bis 50 g Schalen und grünem Röhrenlauch und 1 Liter kaltem Wasser. Man lässt den Ansatz 4 bis 7 Tage ziehen und verdünnt ihn anschließend im Verhältnis 1:10 mit Wasser. Die Zwiebelschalenjauche beugt Pilzkrankheiten vor, kräftigt die Pflanzen und soll dank des enthaltenen Schwefels auch eine abtötende Wirkung gegen verschiedene Milbenarten haben. Zur Vorbeugung wird ab dem Frühjahr einmal wöchentlich in den Wurzelbereich gegossen oder über die gefährdeten Pflanzen gesprüht.

Knoblauch-Zwiebel-Jauche

Knoblauch-Zwiebel-Jauche wird aus insgesamt 500 g Zwiebeln und Knoblauch und 10 Liter kaltem Wasser nach dem Grundrezept für Jauche auf Seite 24 hergestellt. Verdünnen Sie die fertige Jauche zur Anwendung mit der zehnfachen Menge Wasser. Sie wird vorbeugend in den Wurzelbereich und auf Baumscheiben gegossen. Das stärkt die Abwehrkräfte der Pflanzen gegen Pilzkrankheiten.

Zwiebel-Knoblauch-Tee

Für einen Zwiebel-Knoblauch-Tee werden insgesamt 75 g gehackte Zwiebeln und Knoblauchzehen mit 10 Liter kochendem Wasser überbrüht. Der Tee sollte etwa 5 Stunden ziehen. Er wird unverdünnt gesprüht oder gegossen. Dieser Tee stärkt die Abwehrkräfte der Pflanzen und hilft vorbeugend gegen Pilzerkrankungen.

Tipp Wenn Sie weniger Tee brauchen, können Sie die Mengen auch verringern: zum Beispiel 10 g Zwiebeln und Knoblauch auf 1 Liter Wasser.

Pflanzenporträt: Küchenzwiebel

Die Zwiebel *(Allium cepa)* treibt im ersten Jahr röhrenförmige, innen hohle Blätter. Deren Basis ist fleischig verdickt und umgibt die Sprossachse schalenförmig. Im Sommer des zweiten Jahres blühen die Zwiebeln. Ab Juni schieben sie jeweils einen dicken, blasig aufgetriebenen Blütenstängel mit einem großen kugeligen Blütenstand, der aus vielen kleinen weißen Einzelblüten zusammengesetzt ist.

Zwiebeln im Garten

Zwiebeln gedeihen gut in lockerem, humosem Boden. Ab April werden die Steckzwiebeln im Abstand von 10 cm in der Reihe und 20 cm wischen den Reihen gesteckt. Bereits ab März können Zwiebeln ausgesät werden. Sie reifen etwas später als die Steckzwiebeln. Zwiebeln vertragen keinen stickstoffbetonten Dünger wie Brennnesseljauche oder Beinwelljauche. Sie entwickeln dann nur in geringem Maße die zwiebeltypischen ätherischen Öle und reifen auch schlecht aus.

Tipp Zwiebelsaatgut ist nicht lange haltbar. Nehmen Sie jedes Jahr frisches!

Weitere Zubereitungen

Es gibt noch viele, viele andere Pflanzenstärkungsmittel auf pflanzlicher Basis, von denen einige in der folgenden Übersicht zusammengefasst sind. Sie werden dann zubereitet, wenn die Ausgangsstoffe in ausreichender Menge vorhanden sind. Wirkungen und Einsatzgebiete sind nicht immer eindeutig beschrieben und geklärt. Hinweise zur Zubereitung der vorgestellten Tees, Jauchen und Brühen nach Grundrezept finden Sie in der Übersicht auf Seite 124 oder ausführlich ab Seite 24 sowie ab Seite 33.

Weitere Zubereitungen zum Düngen, Stärken und Vertreiben

Zubereitung	Zutaten	Anwendung
Basilikumtee	2 TL getrocknete Blätter auf 250 ml Wasser	unverdünnt; gegen Blattläuse, Spinnmilben und Weiße Fliege an Zimmerpflanzen
Birkenblattjauche	1 kg frische Blätter auf 10 l Wasser	1:5 verdünnt; vorbeugend gegen Apfelschorf
Efeublatttee*	1 kg frische Blätter auf 10 l Wasser, einige Stunden ziehen lassen	1:5 verdünnt; gegen Blattläuse und andere Blattsauger
Eichenjauche	1 kg frische Blätter und Rindenstückchen auf 10 l Wasser	1:10 verdünnt; gegen Käfer, Raupen, Blattläuse und Ameisen
Kapuziner-kressetee	2 Handvoll frische Blätter auf 1 l Wasser	unverdünnt; gegen Blattläuse, Blutläuse und Schildläuse
Kartoffelwasser	Kartoffel-Kochwasser	unverdünnt; gegen Blattläuse
Kohlblattjauche	100 g frische Blätter auf 1 l Wasser	1:5 verdünnt; stärkend und vertreibend gegen Erdflöhe
Majorantee	100 g frisches Kraut auf 1 l Wasser	1:3 verdünnt; auf Ameisenstraßen
Möhrenkrauttee	200 g frisches Kraut auf 5 l Wasser	unverdünnt; vergrämt Zwiebelfliege und Lauchmotte
Oreganotee	100 g frisches Kraut auf 1 l Wasser	1:3 verdünnt; gegen Schildläuse
Rote-Bete-Blatt-Jauche	1 kg frische Blätter auf 10 l Wasser	1:10 verdünnt; stärkend, auf Rasenflächen gießen
Thujablattjauche**	500 g frische Blätter auf 10 l Wasser	1:1 verdünnt; vergrämt Maulwurf und Wühlmaus, in die Gänge gießen

* Zubereitungen aus Efeu nicht schlucken oder trinken: Alle Pflanzenteile des Efeus sind giftig, insbesondere die Beeren. Vergiftungserscheinungen sind Brennen im Rachen, Durchfall oder Erbrechen, Kopfschmerzen und erhöhter Puls, manchmal auch Hautreizungen.

** Zubereitungen aus Thuja (Lebensbaum) nicht schlucken oder trinken: Thuja ist in allen Pflanzenteilen giftig! Es enthält Thujone. Bei Berühren kann es zu Hautirritationen kommen, bei Verschlucken gibt es Magen-Darm-Beschwerden, Übelkeit, Krämpfe und Nieren- und Leberschäden.

Auf einen Blick

Die Grundrezepte

Zubereitung	Wofür?	Pflanzenmaterial für 10 l Wasser
Jauche	schnell wirkender Dünger, Pflanzenstärkung	1 kg frisch oder 100 bis 200 g getrocknet, zerkleinert
Brühe	Pflanzenstärkung, Schädlingsabwehr	1 kg frisch oder 100 bis 200 g getrocknet, zerkleinert
Tee	Pflanzenstärkung, Schädlingsabwehr	1 kg frisch oder 100 bis 200 g getrocknet, zerkleinert
Kaltwasser-auszug	Pflanzenstärkung, Schädlingsabwehr	1 kg frisch, zerkleinert
Extrakt	Pflanzenstärkung	100 g frisch

Zubereitung	Verdünnung mit Wasser	Anwendung	Zubereitung
• mit kaltem Wasser ansetzen • 10 bis 14 Tage ziehen lassen, ab und an umrühren • abseihen	1:10 bis 1:20; für Blattdüngung 1:50	gießen oder bei Blattdüngung sprühen	**Jauche**
• 24 Stunden in kaltem Wasser einweichen • 30 Minuten auf niedriger Flamme köcheln lassen • abkühlen lassen und abseihen	verdünnt oder unverdünnt	regelmäßig gießen oder sprühen	**Brühe**
• mit kochendem Wasser überbrühen • 15 bis 20 Minuten ziehen lassen • abkühlen lassen und abseihen	unverdünnt	sprühen, gießen oder als Samenbad	**Tee**
• 24 Stunden in kaltem Wasser einweichen • abseihen, Kräuter auspressen und Flüssigkeit auffangen	verdünnt oder unverdünnt	gießen oder sprühen	**Kaltwasserauszug**
• im Mixer oder Fleischwolf stark zerkleinern • durch ein Tuch auspressen und Flüssigkeit auffangen	stark verdünnt (1:100 bis 1:1000)	gießen oder sprühen	**Extrakt**

Zutaten, Verdünnung und Anwendung der Kräuterauszüge

Für welchen Auszug?	Wie viel brauchen Sie? Kräuter	Wasser
Ackerschachtelhalmbrühe (s. S. 55)	1 kg frisches oder 150 g getrocknetes Ackerschachtelhalmkraut	10 l
Baldrianblütenextrakt (s. S. 60)	mehrere Handvoll Baldrianblüten	Der Extrakt wird ohne Wasser hergestellt.
Beinwelljauche (s. S. 63)	1 kg frische oder 150 g getrocknete Beinwellblätter	10 l
Brennnesseljauche (s. S. 66)	1 kg frisches oder 150 g getrocknetes Brennnesselkraut	10 l
Brennnesselbrühe (s. S. 71)	1 kg frisches oder 150 g getrocknetes Brennnesselkraut	10 l
Brennnessel-Kaltwasserauszug (s. S. 72)	1 kg frisches oder 150 g getrocknetes Brennnesselkraut	10 l
Farnkrautjauche (s. S. 75)	1 kg frische oder 200 g getrocknete Blätter von Wurmfarn und/oder Adlerfarn	10 l
Holunderblattjauche (s. S. 81)	1 kg frische Holunderblätter	10 l
Kamillenblüten-Kaltwasserauszug (s. S. 85)	1 Handvoll getrocknete Kamillenblüten	2 l
Knoblauchtee (s. S. 88)	10 g frische Knoblauchzehen	1 l

In welchem Verhältnis wird mit Wasser verdünnt?	Wie wird es angewendet?	Wobei hilft es?	Für welchen Auszug?
1:5	gießen, sprühen	beugt Pilzkrankheiten und Schädlingen vor	**Ackerschachtelhalmbrühe** (s. S. 55)
1:1000	gießen, sprühen	fördert die Blütenbildung	**Baldrianblütenextrakt** (s. S. 60)
1:10	gießen	wirkt düngend	**Beinwelljauche** (s. S. 63)
1:10 bis 1:20	gießen	wirkt düngend	**Brennnesseljauche** (s. S. 66)
1:10	sprühen	vertreibt Blattläuse, Weiße Fliege und Spinnmilben, nur bei leichtem Befall einsetzen	**Brennnesselbrühe** (s. S. 71)
unverdünnt	sprühen	vertreibt Blattläuse, und andere Insekten	**Brennnessel-Kaltwasserauszug** (s. S. 72)
1:10 und unverdünnt	gießen, sprühen	wahrscheinlich bekämpfend gegen Überwinterungsstadien von Insekten an Gehölzen, gegen Rostkrankheiten	**Farnkrautjauche** (s. S. 75)
unverdünnt	in Wühlmausgänge gießen	vertreibt Wühlmäuse	**Holunderblattjauche** (s. S. 81)
1:5	Samen einweichen, gießen	Saatbeize gegen Pilze	**Kamillenblüten-Kaltwasserauszug** (s. S. 85)
unverdünnt	sprühen	beugt Pilzerkrankungen vor, vertreibt Fraßfeinde	**Knoblauchtee** (s. S. 88)

Für welchen Auszug?	Wie viel brauchen Sie? Kräuter	Wasser
Kräuterjauche, gemischt (s. S. 94)	1 kg frische Kräuter, gemischt	10 l
Lavendeltee (s. S. 106)	100 g frische oder 10 bis 20 g getrocknete Lavendelblätter	1 l
Meerrettichbrühe (s. S. 96)	300 g zerkleinerte Meerrettichblätter und/oder Meerrettichwurzeln	10 l
Pfefferminztee (s. S. 106)	100 g frische oder 10 bis 20 g getrocknete Pfefferminzblätter	1 l
Rainfarnbrühe (s. S. 99)	300 bis 500 g frische oder 30 g getrocknete Rainfarnblätter und Rainfarnblüten	10 l
Rhabarberblatt-brühe (s. S. 102)	500 g Rhabarberblätter	3 l
Ringelblumen-jauche (s. S. 106)	1 kg Blätter, Blüten und Triebe der Ringelblume	10 l
Salbeitee (s. S. 105)	100 g frische oder 10 bis 20 g getrocknete Salbeiblätter	1 l
Schafgarbe-Kaltwasserauszug (s. S. 108)	100 g frisches oder 20 g getrocknetes Schafgarbenkraut	10 l
Thymiantee (s. S. 105)	100 g frische oder 10 bis 20 g getrocknete Thymianblätter	1 l
Tomatenblatt-Kaltwasserauszug (s. S. 110)	2 Handvoll Tomatenblätter und Geiztriebe	2 bis 3 l
Wermutjauche (s. S. 114)	300 g frische oder 30 g getrocknete Wermutblätter	10 l
Zwiebeljauche (s. S. 119)	500 g Zwiebel	10 l

In welchem Verhältnis wird mit Wasser verdünnt?	Wie wird es angewendet?	Wobei hilft es?	Für welchen Auszug?
1:5 bis unverdünnt	gießen	wirkt düngend	**Kräuterjauche, gemischt** (s. S. 94)
unverdünnt	sprühen	wehrt Blattläuse und andere Insekten ab	**Lavendeltee** (s. S. 106)
unverdünnt	sprühen	beugt Pilzkrankheiten vor	**Meerrettichbrühe** (s. S. 96)
unverdünnt	sprühen	beugt Pilzkrankheiten vor	**Pfefferminztee** (s. S. 106)
1:3 bis unverdünnt	sprühen	tötet Insekten	**Rainfarnbrühe** (s. S. 99)
unverdünnt	sprühen	vertreibt Insekten	**Rhabarberblattbrühe** (s. S. 102)
1:10 bis 1:20	gießen	wirkt pflanzenstärkend	**Ringelblumenjauche** (s. S. 106)
unverdünnt	gießen, sprühen	vertreibt Insekten	**Salbeitee** (s. S. 105)
1:10	sprühen	beugt Pilzkrankheiten vor	**Schafgarbe-Kaltwasserauszug** (s. S. 108)
unverdünnt	sprühen	vertreibt Insekten	**Thymiantee** (s. S. 105)
unverdünnt	sprühen	vertreibt Kohlweißlinge	**Tomatenblatt-Kaltwasserauszug** (s. S. 110)
unverdünnt	gießen, sprühen	bekämpft Insekten und Johannisbeer-Säulenrost	**Wermutjauche** (s. S. 114)
1:10	gießen, sprühen	beugt Pilzkrankheiten vor	**Zwiebeljauche** (s. S. 119)

Erste Hilfe bei Blattlaus, Mehltau und Co.

Manchmal schleichen sich Blattlaus, Mehltau und Co. unauffällig in den Garten ein. Die Symptome der wichtigsten oder auffälligsten Schädlinge und Krankheiten habe ich im Folgenden in einem kleinen Katalog zusammengestellt. Beigestellt sind Tipps, wie Sie die Übeltäter wieder loswerden können.

An Blättern

Punkte und Flecken

Feine, helle Punkte auf der Blattoberseite können Einstichstellen von Spinnmilben, Blattläusen, Weißer Fliege und anderen Blattsaugern sein. Die Übeltäter sitzen meist seelenruhig auf den Blattunterseiten.	➔ Streifen Sie Blattläuse ab oder zerdrücken Sie Weiße Fliegen. Spritzen Sie die Insekten mit einem scharfen Wasserstrahl ab. Aus der Gartenapotheke helfen Brühe und Kaltwasserauszug aus der Brennnessel und Rainfarnbrühe. Mittel auf Basis von Rapsöl, Kaliseife, Neem oder Pyrethrin töten die Insekten.
Weiße Schlangenlinien oder **braun verfärbte Flecken** auf den Blättern sind die Fraßgänge der Larven von Minierfliegen oder Miniermotten (zum Beispiel Ilex-Minierfliege, Flieder-Miniermotte). Gegen die Sonne gehalten, sind die Minen durchscheinend und mit Kotkrümelchen gefüllt.	➔ Pflücken Sie befallene Blätter ab. Oft sind die Minen nur ein optisches Problem. Sie schaden den Pflanzen nicht.
Schwarze, braune und **rötlich braune Flecken** auf der Blattoberseite sind oft die Folge eines Pilzbefalls. **Gelbliche, diffuse Flecken** auf der Blattoberseite, gepaart mit braunen, rötlichen oder gelblichen, erhabenen Punkten oder Polstern auf der Blattunterseite, sind ein typisches Symptom für Rostpilze (zum Beispiel Rosenrost). **Gelbe, großflächige Flecken,** nur begrenzt durch die Blattadern, können das Werk von Falschen Mehltaupilzen sein. Bei feuchtem Wetter bildet sich auf der Blattunterseite ein grauer Sporenrasen.	➔ Schneiden Sie pilzkranke Pflanzenteile ab. Behandeln Sie anfällige Pflanzen vorbeugend mit Ackerschachtelhalmbrühe oder einem Pflanzenstärkungsmittel aus dem Fachhandel.

Fein überzogen

Weißer oder **grauer »Puder«** oder gar **»Rasen«** auf den Blättern ist ein Zeichen für Pilzbefall. Mausgrau ist die Grauschimmelfäule. Sie überzieht auch Stängel, Blüten und Früchte. Der weißliche Belag Echter Mehltaupilze ist abwischbar (zum Beispiel Echter Gurken-Mehltau). Erst bei hoher Luftfeuchtigkeit bildet sich der **graue Sporenrasen** der Falschen Mehltaupilze auf der Blattunterseite. Dies kennen Sie vielleicht von Gewächshausgurken.	➔ Entfernen Sie befallene Pflanzenteile so früh wie möglich. Ackerschachtelhalmbrühe und andere Pflanzenstärkungsmittel festigen das Gewebe.
Feine, fast durchsichtige Spinnweben weben die Spinnmilben. Unter diesem schützenden Netz können sie ungestört an den Blättern saugen. Die Blätter werden gelb und fallen ab.	➔ Schneiden Sie stark befallene Triebe mitsamt dem Gespinst heraus. In Wintergärten und Gewächshäusern lohnt der Einsatz von Raubmilben.

Gelocht und angenagt

Kleine und **große Löcher** sind die Spezialitäten von Schmetterlingsraupen, Blattwespenlarven und Käferlarven (zum Beispiel von Kohlweißling, Kartoffelkäfer und Stachelbeerblattwespe). Je größer und älter die Larven werden, desto größer werden auch die Löcher, die sie hinterlassen – bis hin zum Kahlfraß.	➔ Sammeln Sie die Larven und Raupen ab und zerdrücken Sie die Eigelege. Ein Gemüseschutznetz schützt Kohlpflanzen vor dem Kohlweißling und anderen Kohl-Mitessern. Der Tomatenblatt-Kaltwasserauszug verwirrt die Kohlweißlingsweibchen bei der Eiablage, sodass sie die Kohlpflanzen nicht mehr finden.
Große Happen von empfindlichen Pflanzen raspeln auch die Nacktschnecken weg. Sie hinterlassen dabei glitzernde Schleimspuren.	➔ Sammeln Sie die Schnecken bei Dämmerung ab. Stellen Sie Schneckenzäune oder Schneckenkragen um Salat, Dahlien und Co. auf. Bio-Schneckenkorn (Eisen-III-Phosphat) lockt die Schnecken mit einem Köderstoff an und tötet sie.
Buchtenförmige Verzierungen am Blattrand nagt der Gefurchte Dickmaulrüssler. Seine Larven ernähren sich nicht von den Blättern wie der erwachsene Käfer, sondern leben an den Wurzelhälsen der Pflanzen.	➔ Gegen den Käfer können Sie nichts ausrichten, aber gegen die Larven, die zukünftigen Käfer. Gießen Sie parasitäre Nematoden der Gattung *Heterorhabditis* an die betroffenen Pflanzen. Beste Zeiträume dafür sind von April bis Anfang Juni und von Mitte August bis Oktober.

Eingerollt

Zigarrenartig eingerollte Blätter sieht man häufig an Rosen. Bewohner dieser außergewöhnlichen Wohnstatt sind die Larven der Rosenblattrollwespe.	➔ Pflücken Sie die eingerollten Blätter mit den Wespenlarven ab.

Hängend

Hängende Blätter treten oft im Sommer auf, wenn es trocken und heiß ist. Wässern Sie dann den Boden durchdringend. Auch zu viel Wasser ist schädlich. Die Wurzeln sterben ab und können die Pflanze nicht mehr versorgen. Das ist häufig bei Kübelpflanzen zu beobachten. Heimtückisch sind die sogenannten Welkepilze. Sie verstopfen die Leitungsbahnen der Pflanzen. Bei sommerlicher Trockenheit hängen die Blätter plötzlich schlaff herunter, erholen sich aber wieder, wenn es regnet. Ist die Krankheit weit vorangeschritten, erholen sich die welken Blätter nicht mehr, sondern werden trocken und sterben ab.	➔ Schneiden Sie kranke Zweige bis 20 cm ins gesunde Holz zurück. Ist die ganze Pflanze betroffen, wird sie mit den Wurzeln und der umliegenden Erde entfernt und im Hausmüll entsorgt. Bitte nicht auf den Kompost geben! Dort könnte der Pilz überdauern.

An Wurzeln und Knollen

Kerben und Gänge

Schmale Kerben, mal längs, mal quer, ziehen sich über die pralle Möhrenwurzel. Die Larven der Möhrenfliege haben sie ausgefressen. Solchermaßen beschädigte Möhren halten im Lager nicht lange. Zudem sind die Fraßspuren Eintrittspforten für Pilze, die die Möhrenwurzel faulen lassen. Ähnlich geht es bei Kohl, Kohlrabi, Radieschen und der Kohlfliege sowie bei Zwiebeln, Lauch und der Zwiebelfliege zu.	➔ Legen Sie nach dem Pflanzen oder Säen Gemüseschutznetze auf die Beete. Sie werden an den Rändern gut festgesteckt. Das hält die Gemüsefliegen fern. Eine Anbaupause von vier Jahren, in der Sie auf dem jeweiligen Beet auf Möhren und Co. verzichten, hungert die Tiere aus (siehe hierzu auch Seite 45).
Durchbohrte Kartoffelknollen und welke Jungpflanzen gehen auf das Konto des Drahtwurms. Dies ist die Larve des Schnellkäfers. Sie ist gelblich gefärbt und ziemlich hart und zäh. In der Regel lebt sie von totem, organischem Material. In Notzeiten, im Frühling und in trockenen Sommern, geht sie auch an saftige Knollen und Wurzeln.	➔ Sammeln Sie die Drahtwürmer bei der Bodenbearbeitung auf. Als Köder haben sich halbierte Kartoffeln bewährt, die man auf dem Beet auslegt.

Faulige Stellen

Verletzungen an Wurzeln und Knollen sind eine Einladung an bodenbürtige Schadpilze und Bakterien. Diese dringen über die Verletzungen in die Knollen ein, die in der Folge weich werden und faulen. **Eingesunkene, bleigraue Flecken** auf den Kartoffelknollen werden durch die Kraut- und Braunfäule verursacht. Das Kartoffelfleisch ist braun verfärbt. **Weiche, streng riechende** Kartoffelknollen sind von der Knollennassfäule befallen.	➔ Vermeiden Sie Verletzungen bei der Ernte. Sortieren Sie beschädigte und kranke Kartoffeln bei der Ernte aus. Sie sollten nicht gelagert werden. Die Fäule würde sich im Lager verbreiten.

An Früchten

Ringe

Konzentrische Ringe aus grauweißen Polstern werden durch die Monilia-Fruchtfäule verursacht (siehe auch Seite 97). Der Pilz dringt über Verletzungen wie Hagelschäden, Wespenbisse oder Schorfrisse in die Frucht ein. Apfel, Birne, Kirsche, Pflaume, Pfirsich und Aprikose gehören zu den Wirtspflanzen.	➔ Entfernen Sie kranke Früchte. Der Pilz breitet sich durch Kontakt schnell auf Nachbarfrüchte aus.

Löcher

Einbohrlöcher mit Kotkrümelchen (Apfel) oder einem Gummitropfen (Pflaume) sind Zeichen dafür, dass sich die Räupchen von Apfelwickler und Pflaumenwickler schon längst in Apfel beziehungsweise Pflaume eingebohrt haben.	➔ Entfernen Sie angebohrte Früchte. Mit Pheromonfallen lassen sich die Flugzeiten der Schmetterlinge herausfinden. Dann können gezielt Bacillus-thuringiensis-Präparate auf die Bäume gespritzt werden, bevor sich die Räupchen in die Früchte bohren.

Risse

Tiefe Risse mit braunen Rändern in den Fruchtschalen von Äpfeln sind durch eine frühe Infektion mit dem Apfelschorf entstanden. Die Schale ist an diesen Stellen verheilt und verkorkt und während des Fruchtwachstums aufgerissen.	➔ Der Schorfpilz überwintert auf dem Falllaub. Sammeln Sie es daher auf! Schwefel hilft nur, wenn er vor einer Infektion ausgebracht wird. Vorbeugend stärken Ackerschachtelhalmbrühe und andere Pflanzenstärkungsmittel.

An Zweig und Stamm

Trockene Zweige

Kurz nach der Blüte **welken plötzlich** ganze Kirschzweige. Ursache ist die Monilia-Spitzendürre, eine Pilzkrankheit (siehe Seite 97). Auch Aprikosen, Pflaumen und Mandelbäumchen sind anfällig.	➔ Schneiden Sie die Zweige bis ins gesunde Holz zurück. Der Erreger überdauert im kranken Holz.
Nach der Blüte färben sich die Birnbaumzweige **ganz plötzlich schwarz,** als wären sie verbrannt. Der Feuerbrand hat zugeschlagen, eine gefährliche Bakterienkrankheit. Sie ist meldepflichtig und muss den zuständigen Pflanzenschutzämtern gemeldet werden.	➔ Kranke Zweigpartien können bis ins gesunde Holz zurückgeschnitten werden. Säubern Sie anschließend die Schnittwerkzeuge mit Spiritus! Ist der gesamte Baum erkrankt, ist eine Heilung leider nicht möglich. Der Baum muss gerodet werden.

Bohrlöcher

Im Holz sind **kleine Löcher** und davor liegen Sägespäne. Es sieht aus, als hätte jemand mit einem Minibohrer Löcher ins Holz gebohrt. Dort nagt sich jemand im Verborgenen einen Gang ins Holz. In Frage kommen verschiedene Borkenkäferarten und Schmetterlingsarten (zum Beispiel Blausieb und Weidenbohrer). Die Blätter und Nadeln einzelner Astpartien werden braun und sterben ab. Die Fraßgänge der Borkenkäferlarven sehen Sie, wenn Sie die Rinde ablösen.	➔ Schneiden Sie angebohrte Zweige zurück. Junge Bäume erholen sich nicht mehr, wenn der Stamm betroffen ist.

Wattebäusche

Unter **Wattebäuschen** am Stamm von Obstbäumen verbergen sich Blutläuse. Die wasserundurchlässigen Wachsfäden des Bausches schützen die Tiere. Werden die Blutläuse zerdrückt, tritt eine rötliche Flüssigkeit aus. Wucherungen an Zweigen und Trieben werden Blutlauskrebs genannt, da sie in direkter Folge durch den Blutlausbefall auftreten.	➔ Kratzen Sie die Blutläuse mit einer Drahtbürste ab. Rapsöl kann die Wachsschicht der Wattefäden durchdringen und die Läuse töten.

Höcker

Kleine braune Aufwölbungen, die mit der Rinde zu verschmelzen scheinen, sind die Deckel von Schildläusen. Sie lassen sich leicht abheben und darunter erscheint eine weiße Substanz. Das Weiße sind die Schildlauseier. Schildläuse fallen zum Beispiel beim Baumschnitt auf, wenn man nah an den Bäumen arbeitet oder wenn die Blätter klebrig sind.	➔ Stark befallene Triebe zurückschneiden. Mittel auf Basis von Rapsöl und Pyrethrin töten die jungen, beweglichen Larven.

Hutpilze am Stamm

Die **rötlich braunen Fruchtkörper** des Hallimaschs erscheinen im Herbst oft am Stammfuß von Laub- und Nadelgehölzen, manchmal auch direkt am Stamm. Hallimasch ist der wohl bekannteste unter den Baumpilzen. Er ist ein Schwächeparasit, der nur gestresste, geschwächte Bäume befällt. Er dringt ins Holz ein und zersetzt es. Die Bäume sterben meist erst nach mehreren Jahren ab.	➔ Sobald der Hallimasch oder ein anderer Baumpilz einen Baum infiziert hat, ist dieser leider nicht mehr zu retten. Einem Befall können Sie mit einem optimalen Standort, bedarfsgerechter Düngung und Pflege vorbeugen. Vermeiden Sie auch, beim Umgraben die Wurzeln zu beschädigen.

Pflanzenstärkungsmittel im Handel

Produkte, die als Pflanzenstärkungsmittel gehandelt werden, sind Einzelstoffe oder Gemische, die aus organischen und mineralischen Ausgangsstoffen hergestellt werden. Sie dienen der allgemeinen Gesunderhaltung von Pflanzen und schützen diese vor Umwelteinflüssen wie Frost und Trockenheit. Im Unterschied zu einem Pflanzenschutzmittel dürfen sie Schaderreger (Pilze, Insekten) nicht bekämpfen. Sonst wären sie Pflanzenschutzmittel und müssten zahlreiche Testverfahren zur Wirksamkeit, zur Gefährdung der Gesundheit von Mensch und Tier und zur Gefährdung der Umwelt bestehen.

Pflanzenstärkungsmittel werden auf Antrag des Herstellers in die »Beschreibende Liste der Pflanzenstärkungsmittel« des Bundesamtes für Verbraucherschutz und Lebensmittelsicherheit (BVL) aufgenommen (siehe auch Seite 155). Die Wirksamkeit der Produkte wird dabei nicht geprüft. Nach Inkrafttreten der neuen EU-Pflanzenschutzmittelverordnung vom 14. Juni 2011 dürfen unter anderem Pflanzenstärkungsmittel nicht mehr mit einer Wirkung gegen spezielle Schaderreger werben. Als Umsetzung der Verordnung in deutsches Recht trat das neue Pflanzenschutzgesetz am 14. Februar 2012 in Kraft. Einige bisher als Pflanzenstärkungsmittel erhältliche Produkte wurden im Zuge dessen aufgrund ihrer Zusammensetzung den Düngemitteln oder Hilfsstoffen zugeordnet. Im Handel findet man das gewohnte Produkt deshalb jetzt eventuell bei den Düngern und nicht mehr bei den Pflanzenstärkungsmitteln.

Pflanzenstärkungsmittel aus dem Handel sollten nach Gebrauchsanweisung regelmäßig mehrfach ausgebracht werden, meist im Abstand von 7, 14 oder 28 Tagen. Sie sollen vorbeugend helfen, manchmal auch noch zu Beginn eines Befalls. Bei hohem Infektionsdruck ist die Wirkung jedoch nicht ausreichend. Zur Hauptwirkung – der allgemeinen Gesunderhaltung der Pflanzen – kommt ein günstiger Nebeneffekt: Wurzelwachstum und Pflanzenwachstum, Blütenbildung und Fruchtansatz werden gefördert. Zudem sind Ertrag und Qualität verbessert. Auf den Boden ausgebracht, werden die Bodenorganismen aktiviert und Nährstoffe im Boden pflanzenverfügbar gemacht.

Einige Handelspräparate wurden bereits auf ihre Wirkung hin untersucht. Ihre Zusammensetzung schwankt nicht so stark wie bei selbst hergestellten Mitteln und Versuche können leichter wiederholt werden. Nur selten ist eine gute vorbeugende Wirkung feststellbar, zum Beispiel bei Sachalinknöterich. Doch nicht alle Pflanzenstärkungsmittel wirken so wie versprochen. Und oft sind sie leider nur so wirksam wie Wasser. Im Anhang auf Seite 155 finden Sie einen weiterführenden Hinweis zum Dokument »Pflanzenstärkungsmittel für den Zierpflanzenbau«, das die bisherigen Forschungsarbeiten zu Pflanzenstärkungsmitteln sehr gut zusammenfasst.

Die Zutaten für die Handelspräparate sind sehr unterschiedlicher Natur. Sie sind pflanzlich, tierisch oder mineralisch.

- Organisch (pflanzlich oder tierisch) sind unter anderem Pflanzenextrakte, Kompostextrakte, Algenextrakte, Huminsäuren, Wachse und Öle, Eiweiße, Chitosan, Molke.
- Mineralien sind Gesteinsmehle, Tonmehle, Kieselerde, Carbonate und andere.
- Mikroorganismen im Einsatz sind Bakterien (zum Beispiel *Bacillus subtilis)* und Pilze *(Trichoderma).*
- Homöopathika sind Mittel aus mineralischen, pflanzlichen und tierischen Substanzen.

Pflanzenextrakte

Pflanzliche Extrakte aus Brennnessel, Ackerschachtelhalm, Knoblauch, Beinwell und anderen gibt es auch als gebrauchsfertige Mittel oder als Pulver zum Anrühren. Im Handel sind auch Präparate erhältlich, die auf Basis von Fenchelextrakten und Sachalinknöterichextrakten hergestellt sind. Sie wirken vor allem vorbeugend gegen Schadpilze.

Fenchelölextrakt

Fenchelölextrakt erhöht die Widerstandsfähigkeit gegenüber Schadpilzen, wenn er vorbeugend auf pilzgefährdete Pflanzen gesprüht wird. Nachgewiesen wurde dies für Rosenrost und Malvenrost, für Echten Mehltau an Rosen, Herbstastern, Staudenastern, Ringelblumen und Gurken, für Echten und Falschen Mehltau an Wein, für Amerikanischen Stachelbeermehltau und für Monilia an Kirschen.

Sachalinknöterichextrakt

Der Sachalinknöterich *(Fallopia sachalinensis*, Syn. *Reynoutria sachalinensis)* stammt aus Ostasien. Im 19. Jahrhundert wurde er als Futterpflanze nach Europa eingeführt. Seitdem breitet er sich als problematische invasive Art stark aus und verdrängt heimische Pflanzen. Ein Extrakt aus seinen Blättern hat eine gute vorbeugende Wirkung bei Echtem Mehltau und bei Grauschimmel. Dabei aktiviert der

Knöterichextrakt Stoffwechselvorgänge in den Pflanzen, die eine Resistenz induzieren. Das ist vergleichbar mit einer Schutzimpfung. Die behandelten Pflanzen sind auf den Angreifer vorbereitet und können schneller auf einen Befall reagieren. Voraussetzung ist, dass der Extrakt vorbeugend alle 7 bis 14 Tage angewendet wird. Bei Falschem Mehltau und Kraut- und Braunfäule konnte keine induzierende Wirkung festgestellt werden.

Wie wird die Resistenz erzeugt?

Um herauszufinden, wie die Resistenz erzeugt wird, haben Forscher des Julius Kühn-Instituts in Darmstadt das Wirt-Wirtspflanzen-Verhältnis von Gurke und Echtem Mehltau genauer untersucht. Sie fanden heraus, dass der Sachalinknöterichextrakt die Produktion von Wasserstoffperoxid, von Enzymen des Phenolstoffwechsels und von Lignin in Zellen der Gurkenpflanzen anregt.

Das Wasserstoffperoxid wird in Papillen (Anhänge der Epidermis) und in Epidermiszellen eingelagert, in die der Mehltaupilz einzudringen versuchte. Zum Teil wird auch ein sogenannter programmierter Zelltod ausgelöst, der die Zelle und den eingedrungenen Pilz gezielt abtötet.

Die Endprodukte des Phenolstoffwechsels sind phenolische, fungizide Substanzen und Phytoalexine, die normalerweise als Reaktionen auf einen Befall verstärkt produziert werden. Zudem steigt auch der Anteil verholzter Epidermiszellen. Das reduziert das Eindringen von Schaderregern. In den behandelten Pflanzen wurde mehr dieser Substanzen gefunden als in unbehandelten. Wird der Extrakt schon vor einer Infektion auf die Blätter gesprüht, sind diese so gut konditioniert, dass sie schneller reagieren können, wenn es tatsächlich zu einer Infektion kommt.

Komplexmittel

Sogenannte Komplexmittel enthalten nicht nur Pflanzenextrakte, sondern auch ätherische Öle, Gesteinsmehle, Fettsäuren, Huminsäuren, Algenextrakte und mineralische Salze. Sie stabilisieren die Zellwände gegen Pilze wie Echten Mehltau an Rosen, Astern, Tomaten und Stachelbeeren sowie Falschen Mehltau an Gurke, gegen die Kräuselkrankheit an Pfirsich, die Sprühfleckenkrankheit an Kirschen und Pflaumen, den Birnengitterrost und die Monilia an Kirsche und Apfel. Wahrscheinlich wirken sie wie eine Art Schutzimpfung, sodass Abwehrprozesse in der behandelten Pflanze nach einer Infektion schneller ablaufen können.

Algenpräparate

Algenextrakt

Flüssige und pulverförmige Algenextrakte werden aus Braunalgen und Grünalgen gewonnen. Algenextrakte enthalten viel Magnesium, Kalium, Kieselsäure und Spurenelemente und werden oft als Blattdünger (Algendünger) verwendet. Sie enthalten nur wenig Stickstoff und Phosphor. Behandelte Pflanzen werden in ihrem Wachstum gefördert und die Widerstandsfähigkeit gegen Fraßfeinde und Krankheiten wird erhöht.

Tipp 5-prozentige Algenbrühe ist ein gutes Samenbeizmittel. Sie soll die Keimung verbessern. Die Samen werden etwa 30 Minuten in die handwarme Brühe gelegt, danach getrocknet und sofort ausgesät.

Algenkalk

Algenkalk wird aus den Skeletten von Rotalgen (Korallenalgen) gewonnen. Er enthält bis zu 33 Prozent Kalk. Algenkalk kann daher zur Verbesserung schwerer Böden eingesetzt werden, er hebt den pH-Wert an. Zudem stärkt er dank der enthaltenen Kieselsäure die Zellwände der Pflanzen und baut so eine mechanische Barriere gegen Pilze und Insekten auf. Für diese Einsatzzwecke wird er vorbeugend auf die Blätter gestäubt, am besten morgens oder abends, wenn die Blätter von Tau oder Regen feucht sind. Dann haftet der Algenstaub besser und kann von den Pflanzen über die Blätter aufgenommen werden. Der Algenkalk kann auch in Wasser gerührt und gesprüht werden. Der Belag wird durch Regen abgewaschen und muss dann erneuert werden. Aber

Vorsicht: Wird Algenkalk zu häufig angewendet, kann er die Atmung der Pflanzen einschränken. Für kalkempfindliche Pflanzen wie Rhododendron und Azaleen ist Algenkalk nicht geeignet.

Algenkalk ist hygroskopisch (wasserbindend) und wirkt austrocknend. Für Insekten ist das tödlich, denn der Staub verklebt ihre Atemöffnungen. Algenkalk sollte deshalb nicht während des Bienenfluges ausgebracht werden! Der Kalkgehalt ändert zudem den pH-Wert auf den bestäubten Blättern vom sauren ins basische Milieu und vermindert so das Wachstum von Schadpilzen, denn diese brauchen für ihr Wachstum eine saure Umgebung.

Gesteinsmehle mineralischen Ursprungs wirken ähnlich wie Algenkalk. Sie verbessern schwere Böden und erhöhen die Widerstandskraft der Pflanzen. Bei sauren Böden nimmt man kalkreiche Gesteinsmehle, bei kalkhaltigen Böden dagegen siliziumreiche, kalkarme Gesteinsmehle.

Moosextrakt

Extrakte aus Lebermoosen und Torfmoosen enthalten antimikrobielle Substanzen. Sie werden vorbeugend auf krankheitsgefährdete Pflanzen gesprüht und stärken die Widerstandskraft gegenüber Schadpilzen. Torfmoose sind weniger wirksam als Lebermoose. Auch Insekten und Schnecken sollen von mit Moosextrakten behandelten Pflanzen ihre Mäulchen lassen. Für die fraßhemmende Wirkung werden Oxylipine in den Moosen verantwortlich gemacht.

Ein alkoholischer Extrakt aus dem Lebermoos *Bazzania trilobata* ist bereits mehrfach wissenschaftlich untersucht worden. In 0,5-prozentiger Konzentration unterbindet der Extrakt die Zoosporenfreigabe der Kraut- und Braunfäule an Tomate und Kartoffel, sodass sich dieser Pilz nicht im Bestand ausbreiten kann. Zudem wird die Bildung des Keimschlauchs vermindert, mit dem der Pilz in die Blätter eindringt. Diese eindeutig bekämpfende Wirkung fehlt den Handelsextrakten, die stark verdünnt sind (0,1 Prozent). Bei diesen steht vor allem die stärkende und pflegende Wirkung im Vordergrund.

Homöopathische Präparate

Homöopathie kennen Sie vielleicht aus der Humanmedizin. Aus pflanzlichen, tierischen oder mineralischen Ausgangsstoffen werden hierbei sogenannte Urtinkturen hergestellt. Diese werden in verschiedenen Schritten stark verdünnt. Man unterscheidet Verdünnungsstufen im Hunderterbereich (C-Stufen) und im Dezimalbereich (D-Stufen). Für eine D-Verdünnung wird 1 Teil der Urtinktur mit 9 Teilen Alkohol verdünnt. Daraus erhält man die D1-Potenz. Von dieser nimmt man wiederum einen Teil und verdünnt ihn mit 9 Teilen Alkohol. Diese Reihe kann bis D200 fortgesetzt werden. Bei der C-Verdünnung ist es 1 Teil Urtinktur auf 99 Teile Alkohol. Bei den Verdünnungsstufen sind die Ausgangsstoffe nur noch in Spuren und bei den sehr hohen Verdünnungen gar nicht mehr nachweisbar. In der Homöopathie sagt man, dass die Information dieser Stoffe an den Trägerstoff Alkohol übertragen wurde. Die Wirkung ist umso größer, je höher die Verdünnung ist. Das Aufklopfen oder Schütteln des Gefäßes bei jeder Verdünnungsstufe soll die Wirksamkeit noch einmal erhöhen. Dieser Vorgang wird Dynamisieren genannt.

Homöopathische Pflanzenstärkungsmittel sind komplexe Gemische aus verschiedenen Urtinkturen in unterschiedlichen D-Potenzen (von D6 bis D200). Sie enthalten Hauptnährelemente und Spurenelemente, Silizium, Germanium und Uronsäure. Die Präparate dienen der allgemeinen Stärkung der Pflanze und der Förderung der Bodenorganismen. Sie werden im Vierwochenrhythmus gegossen oder gesprüht. Pflanze und Boden werden als Einheit betrachtet.

Verschiedene wissenschaftliche Untersuchungen mit homöopathischen Präparaten zeigten, dass behandelte Pflanzen (Heidekraut, Rhododendron und Impatiens) einen erhöhten Feinwurzelanteil und einen höheren Pflanzenzuwachs hatten als unbehandelte Pflanzen. Zudem brachten Salat und Radieschen höhere Ernten in einer besseren Qualität. Erdbeeren waren weniger anfällig für die Grauschimmelfäule *(Botrytis cinerea)*.

Auch auf homöopathische Arzneien reagieren Pflanzen positiv. Homöopathische Arzneien sind keine Gemische, sondern Urtinkturen wie Arnica, Aconitum und Belladonna. Während die

Pflanzenstärkungsmittel nur vorbeugend gespritzt werden und eine allgemein stärkende Wirkung haben, ist die Behandlung mit den Urtinkturen deutlich komplexer. Zunächst versucht man herauszufinden, warum eine Pflanze erkrankt ist. War es zu feucht oder zu kalt, ist es eine Pilzerkrankung, ist es eine Verletzung und wodurch ist sie entstanden? Daraufhin wird das Präparat ausgewählt. Dabei orientiert man sich an der Arzneibeschreibung für Menschen. Ein Beispiel: Schnittmaßnahmen verletzen einen Baum oder Strauch und hinterlassen Wunden. In der menschlichen Homöopathie wird Arnica bei Verletzungen, Verstauchungen und Prellungen verschrieben. Calendula wird bei schlecht heilenden Wunden verordnet. In der Pflanzen-Homöopathie wird daraufhin abgeleitet: Einer durch Schnitt verletzten Pflanze hilft Arnica oder Calendula bei der Heilung. Dabei geht man dann folgendermaßen vor: Globuli von Arnica oder Calendula werden in Wasser aufgelöst. Die Lösung wird stark verdünnt und auf die verletzten Sträucher gesprüht.

Nichtpflanzliche Pflanzenstärkungsmittel

Es gibt eine große Anzahl nichtpflanzlicher Ausgangsstoffe für Pflanzenstärkungsmittel, deren Wirkung bei wissenschaftlichen Untersuchungen nachgewiesen wurde.

Chitosan

Chitosan wird aus Krabbenschalen gewonnen, die ein Nebenprodukt der Lebensmittelindustrie sind. Hauptbestandteil ist Chitin. Der Stoff wirkt antibakteriell und erschwert es Pilzen und Bakterien, sich auf den behandelten Pflanzen anzusiedeln. Nachgewiesen wurde eine vorbeugende Wirkung gegen Sternrußtau an Rosen. Die Erträge von Kartoffeln und Erdbeeren steigen, wenn die Pflanzkartoffeln oder Erdbeersetzlinge in Chitosan getaucht und angegossen werden.

Mikroorganismen

Bodenbürtige Pilze und Bakterien besiedeln Pflanzenwurzeln, vermehren sich dort im Haarwurzelbereich und produzieren Substanzen (zum Beispiel Enzyme), die sie an die Pflanzen weitergeben. Dieses Zusammenspiel von Pflanzen und Pilzen sowie Bakterien, das auch natürlicherweise stattfindet, kann durch bestimmte Mikroorganismen aus Pflanzenstärkungsmitteln positiv beeinflusst werden. Die Widerstandskraft gegenüber Schadpilzen soll dadurch erhöht und Wurzelbildung, Wachstum, Blütenbildung und der Ertrag sollen gefördert werden. Nachgewiesen wurde dies zum Beispiel bei der Produktion von Weihnachtssternen (Poinsettien). Zu den Mikroorganismen gehören unter anderem *Bacillus subtilis, Trichoderma harzianum* und *Trichoderma polysporum.*

Kaliumhydrogenkarbonat und Natriumhydrogenkarbonat

Natriumhydrogenkarbonat ist ein Mineral, das auch als Backsoda oder Natron bekannt ist. Kaliumhydrogenkarbonat ist in Backpulver enthalten. Als Pflanzenstärkungsmittel firmieren sie auch unter ihren alten Namen Kaliumbicarbonat und Natriumbicarbonat. Der wirksame Bestandteil ist das Karbonat, das sich bei Wasserkontakt aus der Verbindung herauslöst. Es hat eine vorbeugende und pilzwachstumshemmende Wirkung gegenüber Apfelschorf, Monilia-Spitzendürre und Monilia-Fruchtfäule sowie Echten Mehltau an Obst, Gemüse, Rosen und Rhododendren.

Tonerde

Pflanzenstärkungsmittel mit schwefelsaurer Tonerde, oft in Kombination mit Pflanzenextrakten, erhöhen die Widerstandskraft von Pflanzen gegenüber Apfelschorf, Schrotschusskrankheit an Kirschen, Echtem Mehltau an Obst und Wein sowie Falschem Mehltau an Wein. Tonerdepräparate sind auch unter 15 °C wirksam, im Gegensatz zu Kupfer- und Schwefelpräparaten, die ihre Wirkung erst ab einer Temperatur von 16 °C entfalten.

Warum gibt es kaum Pflanzenschutzmittel auf Naturstoffbasis?

Es ist zunächst einmal eine Frage der Konzentration, warum es bisher kaum Pflanzenschutzmittel auf Naturstoffbasis gibt. In niedrigen Konzentrationen sind Salbei, Knoblauch und Moosextrakt Pflanzenstärkungsmittel, sie haben keine bekämpfende Wirkung. Erst in höherer Konzentration zeigen sie auch eine Pflanzenschutzwirkung. Würde man aber die Konzentration von 1 Prozent auf 10 Prozent erhöhen, stiege auch die Menge des Rohstoffes für das Mittel an. Als Pflanzenschutzmittel in hoher Dosierung wären Salbei und Co. dann viel teurer, als sie es als Pflanzenstärkungsmittel in niedriger Dosierung sind. Um die Rohstoffpreise niedrig zu halten, müssten die wirksamen Pflanzen auf großen Flächen angebaut werden und auch einen hohen Ertrag produzieren, der dann genügend Extrakt ergibt.

Eine weitere Einschränkung ergibt sich aus der Schwierigkeit, die Wirksamkeit im Freiland nachzuweisen. Viele Naturstoffe wurden bereits positiv im Labor getestet, zum Beispiel Salbeiextrakt und Lebermoosextrakt. Leider konnte die Pflanzenschutzwirkung, die sich im Labor gezeigt hatte, nur in den seltensten Fällen auch im Freiland wiederholt werden. Die Gründe dafür sind vielfältig. Zum einen sind es die unkontrollierbaren Umweltfaktoren auf den Freiflächen: Der Regen wäscht den Wirkstoff ab oder das Licht zersetzt ihn in seine (dann unwirksamen) Bestandteile. Auch der bestmögliche Ausbringungstermin ist nicht eindeutig bestimmbar. Während im Labor die Spritzung des zu testenden Mittels vor der künstlichen Infektion erfolgt, ist das im Freiland schwierig. Viele Schadpilze infizieren die Pflanzen, wenn es regnet. Dann ist eine Ausbringung aber kaum möglich, ohne dass der Wirkstoff sofort abgespült wird. Manchmal liegt es auch an den nicht einheitlichen Extraktionsverfahren, dass in manchen Chargen weniger oder kein Wirkstoff enthalten ist.

Die Grundlagenforschung ist dennoch wichtig. Wirksame Substanzen werden erkannt, isoliert und synthetisch produziert. So können die Pflanzenschutzmittel der Zukunft preiswerter hergestellt werden.

Einige Pflanzenextrakte schaffen die Tests und gelangen zur Produktreife als Pflanzenschutzmittel, bisher zum Beispiel die Insektizide Pyrethrin, Azadirachtin und Quassia.

- **Pyrethrine** sind synthetische Analoga zum Pyrethrum, einem Extrakt aus den Blüten der Dalmatinischen Insektenblume *(Tanacetum cinerariifolium)* und der Persischen Insektenblume *(T. coccineum)*. Mehr dazu auf Seite 53 und Seite 99.
- **Azadirachtin** wird aus den Blättern, Blüten, Samen und der Rinde des indischen Neembaumes *(Azadirachta indica)* gewonnen. Der Wirkstoff behindert die Entwicklung und Fortpflanzung von Insekten.
- **Quassia** wird aus der Rinde des tropischen Bitterholzbaumes *(Quassia amara* und *Picrasma excelsa)* hergestellt. Es ist ein Kontaktgift für Insekten. Es wirkt schwächer als Pyrethrin.
- **Rotenon** stammt aus den Wurzeln der tropischen Tubawurzel *(Derris elliptica)* und des Timboholzes *(Lonchocarpus)*. Es ist ein Kontakt- und Fraßgift, das für kleinere Insekten tödlich ist. Größere Insekten überleben teilweise. Rotenon wirkt stärker und länger als Pyrethrum und gefährdet auch nützliche Insekten und Fische. In Deutschland und Österreich ist es als Pflanzenschutzmittel nicht zugelassen.

Die Autorin

Dr. Natalie Faßmann ist Gartenbauingenieurin und Autorin. Sie arbeitet als Redakteurin bei der »GartenFlora«, wo sie die Ressorts Gartengestaltung und Pflanzenschutz betreut, und engagiert sich in verschiedenen Urban-Gardening-Projekten. Frau Faßmann lebt mit ihrer Familie in Berlin.

Im pala-verlag sind von ihr außer diesem Buch die Titel »Auf gute Nachbarschaft«, »In die Falle gegangen«, »Das Kraterbeet« und »Das Indianerbeet« erschienen.

Sachindex

Anhang

Untersuchungen zu Kräuterauszügen

Brennnessel und Knoblauch gegen Spinnmilben, siehe Seite 74 und Seite 91
Dabrowski, Zbigniew T., Seredyńska, Urszula (2007): Characterisation of the two-spotted spider mite (Tetranychus urticae koch, acari: Tetranychidae) response to aqueous extracts from selected plant species. Journal Of Plant Protection Research, Vol. 47, No. 2, S. 113ff.

Knoblauch gegen Kraut- und Braunfäule, siehe Seite 88
CAO Ke-Qiang, Ariena H C van Bruggen (2001): Inhibitory efficacy of several plant extracts and plant products on Phytophthora infestans. Journal of Agricultural University of Hebei

Salbei gegen Pilzkrankheiten, siehe Seite 105
P. Blaeser, U. Steiner und H.-W. Dehne (2002): Pflanzeninhaltsstoffe mit fungizider Wirkung. Landwirtschaftliche Fakultät der Universität Bonn, Schriftenreihe des Lehr- und Forschungsschwerpunktes USL, 97

Lavendel gegen Fusarium-Fäule an Gurken, siehe Seite 106
Morteza Ghorbany, Mohammad Salary (2005): Application of plant products to control some soil born fungal pathogens. Proceedings of the 4th World Congress on Allelopathy, »Establishing the Scientific Base«, Wagga Wagga, New South Wales, Australia, 21-26 August 2005 pp. 454-457

Resistenzinduktion durch Sachalinknöterich, siehe Seite 140
Annegret Schmitt, Resistenzinduktion von Milsana: Wissenschaft und Praxis, in: Pflanzenschutz im Ökologischen Landbau – Probleme und Lösungsansätze – 10. Fachgespräch am 22. 2. 2005 in Kleinmachnow. Berichte aus der Biologischen Bundesanstalt für Land- und Forstwirtschaft, Heft 126, 2005

Untersuchungen mit Pflanzenstärkungsmitteln, siehe Seite 145
Bundesprogramm Ökologischer Landbau (2004): Pflanzenstärkungsmittel für den Zierpflanzenbau

Zum Weiterlesen

Komposttee
Monika Biermeier, Ilse Wrbka-Fuchsig: Kompost und Düngung, AV-Buch
Linda Chalker-Scott: The Myth of Compost Tea Revisited

Biologisch-dynamische Kompostpräparate
Ute Mangold (2008): Der Mond, das Kuhhorn und der Baldrian

Zur Herstellung von Kompostpräparaten
www.der-bio-dynamiker.de

Beschreibende Liste der Pflanzenstärkungsmittel
www.bvl.bund.de/pstm

Pflanzenstärkungsmittel für den Zierpflanzenbau
www.orgprints.org/4235

Erprobung und Vergleich von Pflanzenstärkungsmitteln im Zierpflanzenbau unter besonderer Berücksichtigung von bioenergetischen und homöopathischen Verfahren
www.orgprints.org/4821

Knoblauch im Pflanzenschutz
Daniela Portz, Rheinisch-Westfälische Technische Hochschule Aachen

Homöopathie für Pflanzen
Christiane Maute, Narayana Verlag

Bezugsquellen und Adressen

F. Schacht GmbH & Co. KG
Bültenweg 48
38106 Braunschweig
www.schacht.de
getrocknete Kräuter und Kräuterpulver zum Anrühren von Jauchen, Brühen und Tees

W. Neudorff GmbH KG
An der Mühle 3
31860 Emmerthal
www.neudorff.de
getrocknete Kräuter und Kräuterpulver zum Anrühren von Jauchen, Brühen und Tees; Nützlinge zum Bestellen über Bestellkarten im Gartenfachhandel

Keller GmbH & Co. KG
Konradstraße 17
79100 Freiburg
www.biokeller.de
getrocknete Kräuter und Kräuterpulver zum Anrühren von Jauchen, Brühen und Tees, Humofix-Kompostpräparat

Snoek Naturprodukte GmbH
Tannenweg 10
27356 Rotenburg / Wümme
www.snoek-naturprodukte.de
Pflanzenstärkungsmittel, Algenextrakte

Biofa AG GmbH
Rudolf-Diesel-Straße 2
72525 Münsingen
www.biofa-profi.de
Sachalinknöterichextrakt, Fenchelölextrakt

Niem-Handel Gerald Moser
Naturproduktehandel
Waldstraße 3
64579 Gernsheim
www.niem-handel.de
Moosextrakte

Jean Pütz Produkte GmbH
Virchowstraße 27
45886 Gelsenkirchen
www.jean-puetz-produkte.de
Moosextrakte

re-natur GmbH
Charles-Roß-Weg 24
24601 Ruhwinkel
www.re-natur.de
Nützlinge zum Bestellen

Katz Biotech AG
An der Birkenpfuhlheide 10
15837 Baruth
www.katzbiotech.de
Nützlinge zum Bestellen

BIOPLANT Naturverfahren GmbH
Carl-Benz-Straße 4
78467 Konstanz
www.biplantol.de
homöopathische Mittel für Pflanzen

Narayana Verlag GmbH
Blumenplatz 2
79400 Kandern
www.narayana-verlag.de
homöopathische Urtinkturen

VEN – Verein zur Erhaltung der Nutzpflanzenvielfalt e. V.
Bergstraße 19
54610 Büdesheim
www.nutzpflanzenvielfalt.de
alte Gemüsesorten und Regionalsorten

VERN e. V.
Verein zur Erhaltung und Rekultivierung von Nutzpflanzen in Brandenburg e. V.
Burgstraße 20
16278 Greiffenberg / Uckermark
www.vern.de
alte Gemüsesorten und Regionalsorten

Dreschflegel GbR
In der Aue 31
37213 Witzenhausen
www.dreschflegel-saatgut.de
alte Gemüsesorten und Regionalsorten

VDLUFA
Verband Deutscher Landwirtschaftlicher Untersuchungs- und Forschungsanstalten e. V.
c/o LUFA Speyer
Obere Langgasse 40
67346 Speyer
www.vdlufa.de
Bodenuntersuchungslabore

Verein Arche Noah
Gesellschaft für die Erhaltung der Kulturpflanzenvielfalt & ihre Entwicklung
Obere Straße 40
3553 Schiltern
Österreich
www.arche-noah.at
alte Gemüsesorten und Regionalsorten

ProSpecieRara
Schweizerische Stiftung für die kulturhistorische und genetische Vielfalt von Pflanzen und Tieren
Unter Brüglingen 6
4052 Basel
Schweiz
www.prospecierara.ch
alte Gemüsesorten und Regionalsorten

ProSpecieRara Deutschland gGmbH
Gemeinnützige Gesellschaft für die kulturhistorische und genetische Vielfalt von Pflanzen und Tieren in Deutschland
Kartäuserstraße 49
79102 Freiburg
www.prospecierara.de
alte Gemüsesorten und Regionalsorten

Natürlich gärtnern

Agnes Pahler:
Das Kompostbuch
ISBN: 978-3-89566-315-4

Natalie Faßmann:
Auf gute Nachbarschaft
ISBN: 978-3-89566-257-7

Natalie Faßmann:
Das Indianerbeet
ISBN: 978-3-89566-351-2

Natalie Faßmann:
Das Kraterbeet
ISBN: 978-3-89566-355-0

Andere Bücher aus dem pala-verlag

Ulrike Aufderheide:
Klimafest und artenreich – das Naturgartenprinzip
ISBN: 978-3-89566-429-8

Farina Graßmann:
Wunderwelt Moor
ISBN: 978-3-89566-431-1

Paula Polak:
Regenwasser nutzen – ein Geschenk für meinen Garten
ISBN: 978-3-89566-427-4

Astrid Rieger:
BodenLeben
ISBN: 978-3-89566-425-0

Gesamtverzeichnis bei:
pala-verlag, Am Molkenbrunnen 4, 64287 Darmstadt, www.pala-verlag.de

ISBN: 978-3-89566-312-3

Am Molkenbrunnen 4, 64287 Darmstadt
www.pala-verlag.de
5. Auflage 2024

Umschlag- und Innenillustrationen: Karin Bauer
www.karin-bauer.com

Lektorat: Angelika Eckstein

Satz und Gestaltung:
Die Werkstatt Medien-Produktion GmbH, Göttingen
www.werkstatt-produktion.de

Druck und Bindung:
Beltz Grafische Betriebe GmbH, Bad Langensalza
www.beltz-grafische-betriebe.de
Printed in Germany

Gedruckt auf
100% Recyclingpapier